最新版

ひと目で要点理解

ビジネスマナー解体新書

監修
NPO法人
日本サービスマナー協会 マナー講師
岩崎智子

ナツメ社

はじめに

　同じ年代、気の合う仲間と過ごしてきた学生時代とは違い、社会人になると、さまざまな年代の人や価値観を持っている人たちと出会います。そして、そういった人たちとスムーズなコミュニケーションをとりながら、一緒に仕事を進めていくことが求められます。そのとき、学生の頃と同じような態度や言葉づかいでは、相手に誤解を与えてしまうこともあります。

　仕事を効率よくこなすことはもちろんですが、社会人に必要な最低限のマナーを身につけていなければ、本当の意味での「デキる」社会人とはいえません。

　マナーを知らなければ、相手からの信頼も得られませんし、よけいなトラブルを生むことにもなりかねません。また、せっかくのビジネスチャンスを逃してしまうかもしれません。

　マナーには、基本のカタチがあります。しかし、それを何も考えずに実践しても相手の心には響きません。相手への思いやりの気持ちを一番に、相手の状況や場所によって変えていくのが、本当のマナーといえます。マナーが「なぜ必要なのか？」を常に考えた上で実践し続けることが求められます。そして、仕事の場だけでなく日常生活においても常に相手を思いやり、行動することが大切なのです。

本書は「一番やさしく学べる社会人のための教科書」です。
　社会人として最低限必要なビジネスシーンでの身だしなみ
や立ち居ふるまい、名刺交換、接客応対、敬語、電話応対
などの基本的なマナーだけでなく、結婚式や葬儀、贈答のマ
ナー、会食時のふるまい方など、シチュエーション別のマナー
も紹介しています。また、昨今の新しい働き方「リモートワー
ク」にも活かせる内容になっています。

　さまざまなビジネスシーンの中で、その場でどのようにふるま
えばよいのか、マナーの判断を迷うこともあるかもしれません。
しかし、本書で紹介する基本中の基本さえ知っておけば、あわ
てず自信を持って対応できます。また、自信を持つことは、仕
事の成果にもつながります。楽しく学べて、いざというときに役
立つ一冊です。
　新社会人の方はもちろん、さまざまな働き方をしている方、
幅広い世代の方に手にとってもらえれば幸いです。

NPO法人日本サービスマナー協会 マナー講師

岩崎智子

もくじ

PART 5

フレーズを覚えればOK！電話応対

PART 6

マナーを心得た！来客応対と他社訪問

PART 7
簡潔に送る！メールとビジネス文書

PART 8
いざというとき困らない！人づき合いのマナー

PART 9
知っておきたい！冠婚葬祭のマナー

本書の特徴

**1 知っておくと自分が得する
ビジネスマナーのポイントがひと目でわかる**

タイトル下の「知っ得ポイント」には、相手を不快にさせないマナーのポイントや、マナーを心得て相手に接すると自分にどんなプラスなことがあるのかを紹介しています。

**2 「こんなときは、どうすればいい」が
検索しやすく、内容もわかりやすい**

困ったときは、タイトルで検索。本文をしっかり読まなくても、見出しだけで簡単に知りたいことをパッと見つけることができます。

**3 イヌのキャラクターが
マナーの必要性や注意点をアドバイス**

紹介しているマナーのポイント、なぜそのマナーが必要なのか、間違いやすい点などを、かわいいポーズでアドバイスしています。

PART 1

ハッピーになる!
ビジネスマナーの
メリット

BUSINESS
MANNER

ハッピーの連鎖が起こる

知っ 得 ポイント

☑ 思いやりの心で接すると、困ったときに
　周囲の人からサポートされやすい。

☑ マナーを心得た人と認知されると、仕事も
　人間関係もスムーズで、自分も働きやすい。

日常の中でビジネスマナーを身につけていこう

さまざまなビジネスシーンにおいて、相手を敬う気持ちを持ってビジネスマナーのスキルをアップしていきましょう。

◎ビジネスマナーは、あなたの武器になる

　気が合う人とだけ過ごせばよかった学生時代と違って、社会人になると年齢、価値観、考えが違うさまざまな人と関わりを持ちながら仕事を進めなくてはいけません。そのときに心強い味方となるのが、ビジネスマナーです。

　仕事をする上で必要なビジネスマナーの根底にあるのは、相手を尊重し、思いやる気持ちです。相手に配慮した言葉や行動は、その人だけではなく、周囲の人も心地よくさせ、良好な人間関係を築くきっかけになります。ビジネスマナーは、自分を守る武器のようなもの。身につけておけば、仕事も人間関係もスムーズになり、結果、自分自身はもちろん、周囲もハッピーになれます。

相手を気づかう気持ちが好循環を生む

ビジネスマナーによって良好な人間関係が築かれていると、仕事がスムーズに進むほか、何か困ったときでも周囲の人からサポートを受けやすく、笑顔で働くことができます。

コミュニケーションがとれる

会社はチームで仕事をする場

仕事は、誰ともコミュニケーションをとらずにはできません。さまざまな人と連携をとりながら仕事を進めるには、常に一緒に仕事をする人を気づかい、行動をすることが求められます。その潤滑油となるのが、ビジネスマナーです。

◎ビジネスマナーが人間関係を円滑にする

　さまざまな情報伝達ツールの出現、リモートワークなど、働く環境は目まぐるしく変化していますが、仕事が人と人とのつながりで成り立っていることは変わりません。リモートワークであっても、誰かとつながって仕事をしています。

　でも、他人と関わるのが苦手、目上の人との接し方がわからないという人もいるでしょう。ビジネスマナーは、そんな人の強い味方です。

　「笑顔であいさつをする」、「正しい敬語を使う」などのビジネスマナーを身につければ、苦手な人とも上手にコミュニケーションをとることができます。自分が気持ちよく仕事をするためにも、身につけておきたいスキルです。

コミュニケーションで心がけること

あいさつから始めよう

　あいさつは、コミュニケーションの基本。オフィスに入ったら、自分から「おはようございます」とあいさつを。リモートワークでの第一声もあいさつから。人間関係は、あいさつからスタートします。

笑顔をつくる

　人は、視覚から情報を得るので、「表情」はコミュニケーションをとる上で重要。笑顔をつくるのが苦手な人は、鏡で自分がさわやかだと思う笑顔の練習を。つくり笑顔も、続けているうちに本当の笑顔になります。

丁寧な言葉づかい

　敬語とは、相手を敬う気持ちを表す言葉。そのため、正しい敬語を話すだけで、相手は快く思ってくれます。間違った使い方は、かえって相手を不快にさせるので、言葉づかいには十分注意しましょう。

[相手のよいところを見つける]

　「あの人は苦手」と、相手に対してラベリングしてしまうと、表情も会話もぎこちなくなりがち。そうした態度は相手にも伝わるため、よい関係を築くことは困難になります。苦手、イヤな人だと思うと、その人の悪い面ばかりが見えて「やっぱり無理」という思いが強くなるもの。

　まずは、ニュートラルな気持ちで、その人のよい面を探す努力をしてみましょう。スケジュール管理がしっかりしている、会議のときはいつも一番乗りなど、よく観察をしていると、意外な一面を見つけることができるかもしれません。

　自分で人との間に壁をつくって、仕事を滞らせてしまわないようにしましょう。

信頼が得られる

知っ得ポイント

- ☑ ビジネスマナーを身につけていると
  良識ある人と思われ、信頼度がアップする。
- ☑ 自分はもとより、会社の信頼性にもつながり、
  会社にも大きく貢献できる。

ビジネスマナーで「心地よい」スイッチを押す

人には、さまざまな感情のスイッチがあります。自分では普通に接しているつもりでも、ビジネスマナーを知らないことで、相手の「イライラ」スイッチを押してしまい、信頼を失ってしまうことも。しかし、ビジネスマナーを知っていれば、初対面の人の「心地よい」スイッチを押すことができ、結果、好印象を持ってもらえます。

お客様の心の声
下座だぞ。見下された気分。席次のマナーを知らないなんて、社員教育がなってない

お客様の心の声
案内のしかたも丁寧で、好感が持てるな。マナーを心得た社員がいる会社なら、これから仕事をしていく上で安心だ

こちらで少々お待ちください

こちらで少々お待ちください

◎ビジネスマナーを知っていることが信頼へとつながる

仕事をしていく上で、カギとなるのは「信頼」です。信頼がなくては、仕事をまかせてもらえません。信頼とは、何でもまかせられる、要望に応えてくれるという気持ちを抱かせてくれること。気持ちの上に成り立っている期待値です。実際、信頼を得るのは簡単なことではありません。

しかし、ビジネスマナーを身につけていれば、良識があり、気配りのできる人という印象を相手に与えることができ、それらが信頼へとつながります。仕事はもちろん、人間関係を築く上でもビジネスマナーは不可欠だということがわかるでしょう。

相手を思いやる心がなければマナーとはいえない

ビジネスマナーの基本は、相手を思いやる心です。単にカタチとして身につけても、心が伴っていなければ、それはマナーとはいえません。相手は「丁寧な人」とは思っても、「大切にされた」とは感じないでしょう。

敬語も電話応対も来客応対も、はじめから完璧にできる人はいません。しかし、心を配ることは、最初からできます。そうした心構えは、信頼へと結びつくはずです。

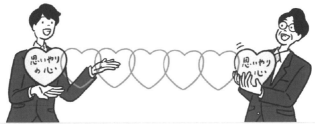

[信頼関係があれば、誤解が生じにくい]

ビジネスマナー、コミュニケーション、信頼の3つは、つながっているもの。ビジネスマナーを通じて、日頃から職場の人たちと上手にコミュニケーションをとって、信頼関係が築けていれば、誤解は生じにくいものです。しかし、信頼関係がないと些細なことが大きなトラブルへと発展して、仕事に支障が出ることもあります。

リモートワークなどが多く、コミュニケーション不足になりがちな人ほど、ビジネスマナーをないがしろにしないようにしましょう。

仕事が円滑に進む

- ☑ ビジネスマナーによって、お互いが気持ちよく働くことができる。

- ☑ 迅速・正確さが求められることをきちんと行うことで、仕事が効率よく進む。

仕事にも「思いやりの心」が大切

ビジネスマナーというと難しそうと思うかもしれませんが、基本は相手を思いやること。仕事はさまざまな人との連携が必要なため、そうした心がけが重要なのです。

◎ビジネスマナーによって働きやすい環境に

　ビジネスマナーを身につけ、相手を尊重し、思いやる心を持って明るく接している人は、周囲から好感を持たれ、親しまれる存在になります。困ったときにもサポートを受けやすいため、仕事がスムーズに進みます。また、報告・連絡・相談のマナーを徹底して情報共有をすれば、仕事が滞ることもありません。

　仕事は人と人のつながりで成り立っています。だからこそ、人をつなぐ潤滑油の役割をするビジネスマナーは、仕事を進めていく上で必要不可欠。自ら働きやすい環境にし、気持ちよく仕事をするためにも、ビジネスマナーという武器を身につけるのが得策です。

ビジネスマナーが必要な3つの理由

❶ 良好な人間関係を築くことで、サポートを受けやすくなる

　ビジネスマナーの基本を知っていると、相手は「大切にされた」と感じ、好印象を持ちます。人は自分を大切にしてくれた相手には、同じようによくしたいと思います。そのため、何か困ったことがあったら協力するという姿勢を示してくれます。

❷ 迅速・丁寧・正確性が求められるマナーを守り、仕事の効率アップ

　報告・連絡・相談、電話応対、メールのビジネスマナーで必要なのは、迅速・丁寧・正確性です。これらを守ることで、仕事の効率がグンとアップします。加えて、作業のミスやトラブルなどを防ぐことにもつながります。

❸ 相手を不快にさせないマナーで気持ちよく仕事ができる

　ビジネスマナーの基本は、相手を思いやる心。さらに仕事に集中できる環境づくり、例えばデスク周りの整理整頓や、誰にでも閲覧しやすい書類の整理などもビジネスマナーのひとつ。これを実行することで、周囲はもちろん自分にとっても働きやすい環境になります。

ビジネスマナーは、
自分をサポートしてく
れるものでもあるよ

メリット⑤
自信につながる

知っ得ポイント

☑ ビジネスマナーを身につけておけば、
どんなビジネスシーンでもこわくない。

☑ マナーを通じて自信を持つことで、
人間関係や仕事の幅も広がる。

相手を尊重する心さえ持っていれば大丈夫

最初からビジネスマナーが身についている人はいません。間違っても、相手を思う心さえあれば、気持ちは通じます。それに、新人のうちは大目にも見てくれます。周囲がやさしくフォローしてくれる期間に、マナーの一つひとつを習得していきましょう。

◎不安を自信に変えるのがビジネスマナー

　社会人になって、目上の人とどう接していいのかわからない、固定電話を使ったことがないので電話応対がこわい、間違った敬語を使って失礼があったらどうしよう……という不安を抱えている人は多いでしょう。

　そんな不安を自信に変えてくれるのが、ビジネスマナーです。まずは、どんなときに、なぜそのビジネスマナーが必要なのかを理解することから始めましょう。それがわかれば、自然と相手を思いやる気持ちを持って実行することができるはずです。全てを完璧に身につけるには少し時間がかかりますが、身につけていくほどに自信が持て、人間関係や仕事にも不安がなくなるでしょう。

自信を持つことで、積極的になれる

ビジネスマナーを身につけると、自信を持って人と接することができます。落ち着いたふるまいは、相手に安心感を与え、さらなる好感度アップにつながります。また、自信があると相手にも積極的にアプローチができ、仕事に意欲的だと思われ、そこでも評価が上がります。

できたことに自信

「返事」ひとつでイメージが アップ＆ダウン

　上司から名前を呼ばれたら、作業をしていても手を止めて、すぐに「はい」と返事をして、上司のデスクに行って指示を受けます。その際は、必ずメモとペンを持っていくこと。また、先輩や同僚に呼ばれたときも、「はい」と呼んだ人に体を向けて、相手の顔を見て返事をすることが大切です。

　たったこれだけのことですが、周囲の人からは「すぐに気持ちよく対応してくれる」「やる気がある」と、好感を持ってもらえ、高評価を得られます。

　逆に、パソコン画面を見ながら「はい」と言う「ながら返事」は、態度が悪い人という印象を持たれ、周囲にマイナスのイメージを与えてしまうことに。また、「はいはい」と2回続けて「はい」を言うのは、面倒くさそうという印象を相手に与えます。「はーい」と伸ばしたりするのも反感を持たれる返事のしかたです。

　適当にやりたい、面倒くさいといった気持ちは、自分で自覚がなくても、話し方や声のトーンなどに出ます。周囲の人は、やる気が感じられない人だと思うでしょう。

　仕事をするときは、気持ちをしっかり仕事モードに切り換え、キビキビとした言動を心がけるようにしましょう。「はい」という返事のしかたひとつで、あなたの印象はよくも悪くもなります。同じ返事なら、お互いが気持ちよく仕事できるしかたがベスト。笑顔で気持ちよく返事をしましょう。

はい

小池さん、ちょっといいかな

PART 2

好印象になる！
第一印象
テクニック

BUSINESS
MANNER

第一印象は見た目で決まる

☑ 見た目がきちんとしていると、
　相手の信頼を得やすい。

☑ 好感を持ってもらうと、
　その後の人間関係、仕事がスムーズに。

第一印象の好感度 GOOD!

服装、
髪型などの
身だしなみ
が清潔

笑顔であいさつをする

正しい敬語、
言葉づかいができる

好感が持てる
⬇
信頼できる
⬇
仕事をしていく上で
安心だ

◎第一印象を制すれば、ビジネスはうまくいく

ビジネスにおいては、一度会っただけ、または電話やメールだけで仕事が進んだりします。そのため、第一印象で相手の信頼を得られるかどうかが、その後の人間関係や仕事を大きく左右します。

決め手となるのは、①身だしなみ、②表情、③話し方などの「見た目」。信頼できる人がどうか、会って数秒で決まります。

好印象を持ってもらえば、何事もスムーズに進みますが、不信感を持たれてしまうと、それを払拭するのは至難の業。「見た目」を整えて好スタートを切りましょう。

見た目で損しないポイント

実際に会うとき

● 清潔感のある身だしなみにする。

● 笑顔であいさつし、明るい表情で接する。

● 相手の話をよく聞き、相手が話し終わってから話す。

● 正しい敬語を使う。

視覚情報からの身だしなみ、表情、態度、聴覚情報からの声のトーン、話し方、そして言語情報としての言葉づかい。これらが第一印象を決定づけるんだよ

リモートのとき

● 清潔感のある身だしなみにする。

● はっきりとした発音でゆっくり話す。

● 明るい表情を心がけ、相手の話をうなずきながら聞く。

● 正しい敬語を使う。

画面では顔がクローズアップされるので、表情は大切。相手に伝わりやすい話し方、相手の話を聞いているというアクションも好印象につながるよ

電話やメールのとき

📞 電話

● 姿勢を正して、明るくはっきりとした、やや高めの声を出す。

● 相手が聞き取りやすいよう、少しゆっくり話す。

● 正しく敬語を使い、適切な電話応対（**PART5** P98〜136参照）をする。

💻 メール

● 1メール1案件にし、簡潔で読みやすい文面にする。

● 正しく敬語を使い、失礼のない文面で送る。

● 誤字・脱字がないようにし、添付ファイルの付け忘れをしない。

2

男性の身だしなみ

知っ**得**ポイント

☑ ビジネスにおいて信頼を得る服装は、
きちんとしたスーツスタイル。

☑ 清潔感のある服装とヘアスタイルを
心がけることが、相手からの信頼につながる。

スーツスタイルの基本

色

濃紺、チャコールグレー。

柄

無地が無難。派手な色や柄のスーツはNG。

ワイシャツ

清潔感のある白がベスト。襟は、
スタンダードなレギュラーカラー。
ワイシャツの袖丈は、ジャケットの
袖口から1cmほど出す。

✕ ボタンダウンはカジュアルシャツ
なので避ける。

ネクタイ

色は、紺、グレー、ダークグリーン、
ダークレッドなど。
デザインは、無地、ストライプ、ドット柄が無難。

✕ 派手な色やデザイン。キャラク
ター柄。

ジャケット

シングルの2つボタン
または3つボタン。

ベルト

黒、茶の革製。
✕ 布製のものはカジュアル。

ズボン

くるぶしが隠れるくらいの長さ。

靴下

黒、紺、グレーなどのダークカ
ラー。
✕ スニーカーソックスやスポーツ
ソックス、白のコットンソックス
などはカジュアルなので避ける。

靴

黒か茶の革靴で、ひもで結ぶタ
イプがスタンダード。

⚠ スーツは、できれば冬と夏でそれぞれ3着ぐらいあると、着回しがききますし、くたびれません。

◎「清潔感」のある身だしなみが、信頼を得るカギ

　職場の服装は、業種や職種によって異なりますが、どんな服装でも「清潔感」のある着こなしをすることが大切です。服にシミやシワがあると、周囲の人にだらしない印象を与えてしまい、「仕事もルーズなのでは」と不信感を持たれかねません。また、服装に気をつかっても、髪に寝ぐせがついていたり、ひげの剃り残しがあったりすると、マイナスのイメージを与えてしまいます。

　身だしなみは、自分の内面を映す鏡。ビジネスの場においては、自分がどう思うかではなく、周囲がどう見るかを第一に考えることが大切です。「きちんと感」は好感が持たれます。服装、身だしなみには十分な配慮を怠らずに。

基本のスーツの着こなしと注意点

ジャケットの一番下のボタンは外す

　一番下のボタンを外すのは、座ったとき、シワにならないようにするためです。それ以外のジャケットのボタンは、しっかり留めましょう。

姿勢よく着こなす

　せっかく服装に気を配っても、姿勢が悪いと暗い印象になります。背筋を伸ばした姿勢を意識してスーツを着こなしましょう。

白無地の下着を着用

　ワイシャツの下に、色や柄が透けて見えるTシャツやランニングシャツを着るのはNG。下着は、透けにくい白無地を着用しましょう。

ネクタイはしっかり締める

　結び目は、ワイシャツの第一ボタンの上にくるようにします。結び目がゆるんでいたり、曲がっていたりすると、だらしなく見えます。

体型に合ったスーツを選ぶ

　ジャケットがダブダブ、ズボンの丈が短いまたは長いと、だらしない印象を与えます。スーツは、体のサイズに合ったものを選びましょう。

靴の手入れは欠かさずに

　靴が汚れている、表面の色がはげているとマイナスイメージに。靴は毎日ブラシで汚れを落としておきましょう。毎日同じ靴だと傷みやすいので、何足かをローテーションしながら履くように。

オフィスカジュアルファッション例

自由な服装の職場でも、周囲の人を不快にさせない、
清潔感のある服装をしましょう。
以下はあくまで一例、会社や職場の規則に従い、
会社の雰囲気に合ったものを心がけて。

- ノーネクタイ。
- ワイシャツ、ボタンダウンシャツ。職場によってはポロシャ
  ツ、TシャツがOKなところも。
- 人と会うとき以外は、ノージャケットでも。
- 靴下は、白のコットンソックスやスニーカーソックスでも。
- 職場によっては、スニーカーでもOK。

1日中着ていても疲れない、動き
やすい機能性のあるものがいいよ

ヘアスタイル・ひげなどの身だしなみ

「清潔感」を第一に、身だしなみを整えましょう。
ヘアスタイル、髪色、ひげについては、会社の規則に従います。

ヘアスタイル

- 前髪が目にかからない長さ、襟足がワイシャ
  ツにかからない長さのスッキリした髪型に。
- 髪色は、黒またはダークブラウン。職場に
  よっては明るい茶色は避ける。

眉

- 専用のハサミや毛抜きで整える。

ひげ

- 剃り残しがないようにきれいに剃る。
- ひげがOKな職種や職場でも、不
  精ひげや不潔感のあるひげはNG。
  ハサミで整えるなど、ひげのケアを
  しっかり行うこと。

手・爪

- 爪が長い、汚れていると相手は不
  潔と思うので、爪は定期的に切って
  短くしておく。
- 指先がささくれ立っているときは、
  よく手を洗った後、ハンドクリーム
  で保湿をし、きれいな手を保つ。

オンラインミーティングの身だしなみ

オンラインであっても、会議や商談、打ち合わせなどでの身だしなみは、実際に会うときと同じと考えましょう。職種や業種によって異なりますが、役職が上の人が参加し、ネクタイを締めてスーツで参加するのであれば、それに合わせるのがマナー。前もって、上司や先輩にスーツスタイルがよいのか、それともカジュアルでよいのか聞いておくと安心です。

服装の例 （職種や業種によって異なります）

⚠️ リモートワークで誰にも見られない状況でも、パジャマや上下のスウェットなどの部屋着のままだと、仕事のオン・オフの区別がつきにくくなります。仕事モードになるためにも、仕事相手に会って失礼のない程度の身だしなみを整えることが大切です。

襟付きシャツ
基本のスーツスタイルのシャツよりも堅くなりすぎないイメージのカジュアルシャツ。ボタンダウンシャツでも。色は、顔映りのよい白やサックスブルーなどがおすすめ。

ジャケット
動きやすいストレッチ素材のジャージージャケットや、ニットジャケットがおすすめ。色は紺かグレーが無難。

ボトムス
伸縮性に富んだイージーパンツがおすすめ。部屋着のイメージを与えるスウェットパンツはNG。

[作業服や制服の場合の身だしなみ]

シンプルに着こなすのが一番。自分勝手にアレンジすると、だらしない印象になります。また、こまめに洗濯をして清潔に保つことも大切です。作業服や制服は、会社の看板を背負って歩いているようなもの。外出先では会社のイメージを損なう行動は慎みましょう。

3

女性の身だしなみ

知っ得ポイント

- ☑ 女性のビジネスでの正装は、
  ジャケットとスカートの組み合わせのスーツ。
- ☑ パンツスーツは、準正装の印象になる。

スーツスタイルの基本

色

濃紺、グレー、ベージュなど。

柄

無地が無難。

シャツ

無地のシンプルなデザインのシャツやブラウス、カットソー。
色は白やオフホワイトが無難。

✗ 胸元が大きく開いたデザイン、派手な色やプリント。

ストッキング

色は、ナチュラルベージュが無難。

✗ 素足。派手な色、柄、ラメが入ったデザイン。

✗ タイツはカジュアルなイメージになるので、ビジネスの正装としては避ける。

ジャケット

腰回りがかくれるくらいの長さ。

スカート

シンプルなデザインで、長さは膝丈程度。

✗ ミニスカートや、スリットの深いスカート。

靴

色は、黒か茶。
足が疲れにくいローヒールパンプス（3〜5cm）がおすすめ。

✗ サンダルやミュール、ブーツはカジュアルなものなので、通勤時はよいが、スーツスタイルで仕事をするときは、パンプスに履き替えたほうがよい。

⚠ パンツスーツの場合、ストレッチ素材など、動きやすいもの、ヒップや足がピチピチにならない、ややゆとりのあるサイズを選びましょう。

◎仕事に適した服装、ヘアメイクを

社会人として必要なのは、「自分をよく見せるためのおしゃれ」ではなく、相手に不快な思いをさせない「身だしなみ」です。

職場のドレスコードは、業種や職種によって異なりますが、露出が多い服、ほつれがある服は、相手にだらしない印象や不快感を与えます。好印象を持ってもらうには、仕事にふさわしい清潔感のある服装、ヘアメイクなどを心がけることが大切。身だしなみ一つで相手に与える印象はグンと変わります。

また、仕事の服装はTPOを考えて変えましょう。取引先へ行くときや、役職が上の人が同席するようなときは、スーツスタイルが基本です。

基本のスーツの着こなしと注意点

ジャストサイズのスーツを選ぶ

小さすぎるサイズは動きにくくなるので、ビジネスには不向きです。ジャストサイズのスーツを身につけ、シャキッとした気持ちで仕事をしましょう。

ジャケットのボタンは全て留める

女性のスーツのジャケットボタンは、全て留めるのがマナー。シルエットもきれいです。ボタンが開いていると、だらしない印象になります。

シャツはバストサイズに合ったものを選ぶ

シャツは体型に合っていないとバスト部分にシワが寄ってだらしない印象になります。バストサイズをポイントに動きやすいものを選びましょう。

襟付きのジャケットはきちんとした印象に

ドレスコードがある会社や、取引先の人と会うときなどは、ノーカラーよりも襟付きのジャケットのほうが、フォーマルできちんとした印象を与えます。

スカート丈は膝が隠れるくらいに

スカート丈が短いと、座ったときに太ももがあらわになってしまいます。スカート丈は膝が隠れるぐらい、座ったとき膝上10cm以内になるものにしましょう。

姿勢よく美しく着こなす

ビジネススーツをきちんと着こなしても、猫背など姿勢が悪いと暗い印象になります。背筋を伸ばすだけで、美しく、明るい印象になります。

オフィスカジュアルファッション例

ドレスコードが自由でも、仕事服ということを意識し、清潔感のある装いを心がけましょう。
シンプルなものでも、流行の服は訪問先によっては避けたほうが無難です。

- ノーカラージャケットまたはカーディガンでもよい。
- ブラウスやカットソー、ニットシャツなどだけでも。
- ワイドパンツ、ロングスカート、マキシ丈のパンツ、デニムなど。
- スカーフやストールをアクセントにしても。
- 職場によっては、スニーカーでもOK。

先輩を参考に、会社に合った服装に

ヘアスタイル・メイクなどの身だしなみ

すっきり健康的な印象にすることがポイントです。
会社で髪色やヘアスタイルなどに規則があれば、それに従います。

ヘアスタイル

- 長い髪の場合、うつむいて作業するときや、お辞儀をするとき、顔に髪がかからないよう、ゴムやピン、バレッタなどでまとめると、すっきり明るい印象に。
- 髪色は、黒またはダークブラウン。職場によっては明るい茶色は避ける。

メイク

- 厚化粧や派手なメイクはNG。
- まつげエクステやカラーコンタクトは、しないほうが無難。OKな職場でも、自然なデザイン、カラーがおすすめ。

眉：ナチュラルな弓形にし、アイペンシルやパウダーを使って整える。

目元：アイシャドウはナチュラルなベージュ系、落ち着いたブラウン系やグレー系が無難。アイラインとマスカラはあまり濃くならないようにする。

口元：口紅は、血色がよく見えるピンクやオレンジ、ナチュラルに見えるベージュ系がおすすめ。唇が荒れていると、口紅がきれいにのらないので、リップクリームで乾燥を防ぐ。

頬：血色がよく健康的に見えるよう、ピンクやオレンジのチークを薄くのせる。

肌：スキンケアをして肌を整え、自分の肌色に合ったファンデーションを使う。

仕事場でノーメイクだと、マイナスの印象を持たれることも

オンラインミーティングの身だしなみ

仕事をする上では、オンラインもリアルも同じ。画面にはバストアップしか映りませんが、仕事をする服装に着がえ、メイクをすることで、リモートワークでも仕事のオン・オフの切り替えがしやすくなります。

きちんと感のある服装を心がけるのはもちろん、相手に表情がよく見えるようにヘアスタイルをすっきりと整え、ナチュラルメイクをするなど、身だしなみに気を配ると好印象を持ってもらえます。

服装の例 （職種や業種によって異なります）

⚠️ トレーナーやTシャツ、フリルなどが多いトップスは、仕事で人と会う服としては適していません。家にいても、服装は仕事モードにしましょう。

シャツ、ブラウス、カットソー

色は、顔色を明るく見せる淡い色や白がおすすめ。赤や黄色などの原色は避けましょう。カットソーは部屋着のようなテロテロのものではなく、厚手のしっかりした素材を。

ジャケット、カーディガン

ストレッチ素材やニット素材のジャケット。色は紺、グレー、ベージュが無難。カーディガンはシンプルなデザインで、顔を明るく見せる淡い色がおすすめです。

ボトムス

締めつけ感のない、ストレッチがきいて動きやすいパンツやスカートがおすすめです。

[オンラインミーティングでのメイク]

パソコンの画面では顔色が悪く見えやすいので、それをカバーするためにもメイクをしましょう。画面に顔が大きく映るからといって、いつもより念入りにメイクをする必要はありません。明るく見えるナチュラルメイクで十分です。

4

アクセサリーやネイル

知っ得ポイント

☑ 本来、仕事をする上でアクセサリーやネイルは
不必要なものという認識を持つ。

☑ 身につけるなら、ビジネスの場にふさわしく
好感が持てるものを。

仕事に支障をきたすものはNG

電話応対のとき

- 耳にたくさんのピアスをしている
- 大ぶりのピアス

⇒電話をとるときにじゃまになる。

パソコンを打つとき

- 長いつけ爪
- ラインストーンがたくさんついた派手なデザインのジェルネイル

⇒キーボードを打つときにじゃまになる。

小ぶりの
ピアスを

爪は短く

| 基本 | アクセサリーやネイルはしないのがベスト |

◎ビジネスではシンプルで上品なおしゃれを

　アクセサリーやネイルは、自分自身が楽しむ「おしゃれ」であって、仕事をする上で必要なものではありません。

　そのため、仕事中はアクセサリー、ネイルをしないのが基本と心得ておきましょう。とはいっても、アクセサリーやネイルをすることで気分が上がり、仕事のモチベーションアップにつながることもあります。

　楽しむなら、仕事に差し支えのないシンプルで小さなアクセサリー、控えめな色やデザインのネイルなど、ビジネスの場にふさわしく、周囲の人からも好感が得られる上品なものを心がけましょう。

アクセサリー・ネイルのポイント

アクセサリー、ネイルの色やデザインについて、会社の規定があれば、それに従います。

ネックレス

- チェーン部分が繊細で、トップも小ぶりでシンプルなデザイン。
- 男性の場合、業種にもよるが、仕事中ははずしておいたほうがベター。特にスーツスタイルのときは、見えないほうがよい。

ピアス、イヤリング

- 小ぶりでシンプルかつ上品なデザイン。

指輪

- 男女とも、結婚指輪以外はつけないほうがよいが、つけるならシンプルなデザインのものに。

ネイル

- 透明、淡い色。
- ジェルネイルのデザインは、ワンカラーやグラデーションなどがおすすめ。

NGアクセサリー

- 大ぶりのもの。
- 動くとジャラジャラ音がするもの。
- 派手な色やデザイン。

NGネイル

- ラメや派手な色。
- 大ぶりのラインストーンがついているような派手なデザイン。
- 個性的なネイルアート。

[仕事中、香水はつけないのがベター]

　香水は仕事には不要なもの。そのため、基本的にはつけないのがベターですが、楽しむなら香りの強くないオーデコロンなどがよいでしょう。また、自分がよいと思う香りが、他人にとってもよいとは限らないことを十分に理解しておきましょう。

5

ビジネスに必要なアイテム

知っ得ポイント

☑ 仕事で使うものは、機能的でシンプルな
　デザインを選ぶ。

☑ 持ち物は、その人の品格や仕事への
　姿勢を表すものだと心得る。

ビジネスのマストアイテム

基本　**ビジネスバッグ**（手提げタイプ）

- A4サイズの書類、ノートパソコン、タブレットなど、仕事に必要なものが入る。
- 革製で色は黒が無難。
- 取引先への営業や打ち合わせ、会議などには、ベーシックな手提げタイプがよい。

バッグの中には、名刺や手帳、ペンなどの他、ハンカチ、ティッシュ、身だしなみをチェックするための鏡も入れておくといいよ

ビジネスリュック

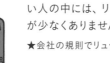

ノートパソコンを入れて移動するときに便利ですが、年齢の高い人の中には、リュックはカジュアルという印象を持っている人が少なくありません。ＴＰＯをわきまえて使用しましょう。

★会社の規則でリュックがＮＧとされている場合は、それに従います。

こんなことに気をつけて！

- 訪問先では、背負ったまま会社に入らない。手に持って訪問。
- 商談や打ち合わせ後、すぐに背負わない。訪問先を出た後に背負う。

通勤時はリュック、訪問先には手提げタイプのビジネスバッグと、使い分けても！

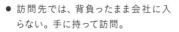

◎仕事に適した、センスのあるものを選んで持つ

　ビジネスシーンにおいて、持ち物はその人の品格や仕事に対する姿勢を表すもの。多くの人の目に触れるビジネスバッグや名刺入れ、手帳などは、機能性に優れた、品のよさを感じさせるものを選びましょう。

　だからといって、高級ブランドで揃えればよいというものではありません、新社会人が上司や先輩、仕事関係の人より格上のものを持つのは、できるだけ避けたほうが無難です。

　最近は、オフィスカジュアルファッションに合わせて、カジュアルなアイテムも増えていますが、それらはTPOに応じて上手に使いましょう。

名刺入れ

シンプルな革製のものがよい。色は黒、茶、グレーが無難。職種によってはカラフルな色でも。なお、名刺をパスケースや手帳などに入れて使うのはNG。

手帳やスケジュール帳

スマホやタブレットでもOKだが、ちょっとしたメモや、スケジュールを記入したりするときのために、使いやすいものを選ぶ。

筆記用具

メモをとる際に必要。ペンは使いやすいものに。ペンケースはシンプルなデザインを。色のボールペンや蛍光ペン、付箋を入れておくと便利。

腕時計

文字盤が見やすいシンプルなデザインだと、すぐ時間を確認できるので便利。なお、スポーツ仕様はNG。

スマホでの時間確認は、マナー違反のときもあるので注意！

　取引先の人やお客様などが目の前にいるとき、スマホを取り出して時間を確認するのはマナー違反です。相手には時間を確認しているかどうかが明確に伝わらないため、遊んでいると誤解を与えかねません。

　会議中や打ち合わせ中に、スマホで時間を何度も確認するのは避けたほうがよいでしょう。たとえ時間を確認しているとしても、相手にはそれがわからないので、会議に集中していないと思われてしまい、マイナスのイメージを与えてしまいます。

ビジネスシーンでは、時間は腕時計でさりげなく確認するほうがスマートだよ

好感が持てる表情と話し方

- ☑ 好印象を得やすいのは、明るくやさしい表情とハキハキとした話し方。
- ☑ 正確な情報を伝えるには、わかりやすく話す努力を。

表情と話し方の基本

明るい笑顔を心がける

今日はよろしく
お願いいたします

　笑顔を向けると、人は安心し、信頼を寄せます。笑顔を心がけると、自分自身もポジティブになれます。

● オンラインの場合

無表情になりがちなので、意識的に口角を上げ、にこやかな表情を心がけましょう。

言葉と一致した表情に

大変申し訳ありません

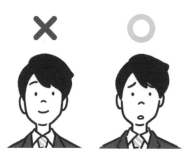

　人は、視覚からの情報を優先するため、「笑顔やふてくされた表情」＋「申し訳ありません」だと、表情の情報を受け取ります。誤解や不信感を招かないためにも、言葉や気持ちに沿った表情をつくることが大切です。

◎表情や話し方で印象は大きく左右される

　初対面の人に好印象を持ってもらうには、表情や話し方など、話すときの態度も重要です。暗い表情やボソボソとした話し方だと、相手はよく思いません。人と接するときは、笑顔でハキハキとした話し方を心がけたほうが自分のプラスになります。特に、オンラインミーティングなどでは、表情や話し方がよりクローズアップされるので、意識して口角を上げて笑顔をつくる、相手が聞き取りやすい声のトーンでゆっくり話すようにしましょう。

　また、ビジネスでは情報を相手にわかりやすく正確に伝えることも大切です。話の組み立てを整理してから話すようにしましょう。

相手が聞き取りやすい声のトーン、スピードで話す

落ち着いた声のトーン

はっきりとした発音

ゆっくりとしたペース

　甲高い声はうるさく、早口や大きすぎる声だと相手に威圧感を与えてしまいます。また、小さい声だと相手は聞き取れません。相手が不快にならない、聞き取りやすい声のトーンで、ゆっくり話すことを心がけましょう。

内容を話すときは、結論から話す

ポイントは3つあります。
1つ目は……

　結論から話すと相手が理解しやすくなります。また、誤解されるような曖昧な表現は避けることが大切です。

[曖昧な表現はしない]

　人によって「早め」の感覚はいろいろ。トラブルを防ぐためにも、日にち、時間、量などは、できるだけ具体的に話しましょう。

✕「早めにお願いします」

◯「3日月曜日15時までにお願いします」

7

信頼を得る話の聞き方

知っ得ポイント

☑ うなずいたり、相づちを打ったりして、
相手が話しやすい環境をつくる。

☑ 真剣に聞く姿勢を見せることで、
相手の信頼を得ることに。

「聞く力」を磨くポイント

相手を見てうなずく・相づちを打つ

　相手の話の調子に合わせて、うなずいたり、話の内容、相手の気持ちに寄り添った表情と言葉で相づちを打ったりします。「話を聞いていない」と思われないよう、必ず相手の顔を見てアクションを。

うなずき

● オンラインの場合
「聞いています」というサインが相手にわかるよう、大きくうなずきましょう。

相づち

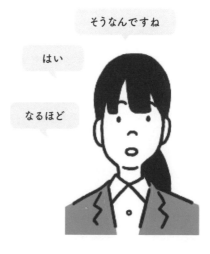

そうなんですね
はい
なるほど

◎「聞く力」で信頼関係を築く

　仕事を円滑に進めるためには、相手の考えや要望を理解しなくてはいけません。そのためには、相手の真意をつかむ「聞く力」が必要です。

　会話はキャッチボール。黙って聞いているだけだと、相手も話しにくくなるというもの。相手の真意を引き出すには、少しオーバー気味にうなずいたり、「はい」などと相づちを打ったりすることが大切です。こうした「聞いています」というサインを送ることで、相手は話しやすくなります。

　真剣に耳を傾けて聞く姿勢は、好感が持たれるもの。「聞く力」を磨いて、信頼関係を築きましょう。

相手の話は最後まで聞く

　話を途中でさえぎるのは失礼です。意見や質問などは、相手が話し終わってからにしましょう。話が終わったと思って、「先ほどの〜」と質問の言葉を発した途端、相手が話を続けたときは「失礼しました。どうぞ」と、話を促します。

○オンラインの場合

相手の話が終わって2〜3秒後に話すようにすると、話が重なることはないでしょう。

○オンライン会議の場合

環境音が入らないよう、自分が話すとき以外は、ミュートにします。なお、自分が話すときはミュートの切り忘れに気をつけて。

[話の要点をメモしながら聞く]

　真剣に聞いていても、重要なことを忘れてしまっては何にもなりません。相手が話したことを把握するためにも、要点を書き留めておく習慣をつけましょう。また、メモをとる姿勢は、相手に対して「話を聞いている」アピールにもなります。

8

正しい立ち方と座り方

☑ 背筋を伸ばした立ち方、座り方は見た目にも感じがよく、誠実に仕事をしている印象を与える。

☑ 正しい姿勢や所作は好感が持たれ、仕事や人間関係にもプラスに。

立ち方の基本

あごを引いて背筋を伸ばす
肩の力を抜いてあごを引き、頭頂部が天井から引っ張られるイメージで背筋を伸ばします。

胸を張る
肩甲骨を寄せるイメージで胸を張ります。おなかは突き出さないこと。

腕を両脇に下ろし、
指先は揃える

体の前で自然に手を重ねる

両足を揃える

かかとを合わせ、つま先は
こぶし1個半ほど空ける

かかとを合わせ、
つま先はやや広げる

◎人の目を意識して姿勢よく

オフィスや訪問先では、人の目を意識した立ち居ふるまいをすることが大切。なぜなら、立つ、座るといった日常動作も、印象の良し悪しに影響するからです。片足に重心をかけて立っていたり、背中が丸まっていたり、ふんぞり返って座ったりする姿は、見た目にもだらしなく、周囲を不快にさせます。一方で、背筋が伸びた姿勢は、誰でも好感が持てるもの。誠実に仕事をしている印象を与えるので、周囲からも信頼を得やすくなります。

ビジネスにおける正しい立ち方や座り方を身につけておくことは、自分にとってプラスなことがたくさんあります。

座り方の基本

あごを引いて背筋を伸ばす
骨盤を立てて座るように意識すると、自然と背筋が伸びます。

手は
両膝におく

背もたれに
もたれない

> **NG** 次の座り方は態度が大きい、だらしない印象になります。
>
> ● ふんぞり返って座る。
> ● 体を丸めてパソコンを打つ。
> ● 訪問先のいすやソファーの背もたれに寄りかかって座る。

両足を軽く開き、
つま先は正面に

両手は膝の上で
自然と重ねる

両足を閉じて、
つま先を揃える

9

シーン別のお辞儀のしかた

知っ **得** ポイント

☑ 頭を下げればいいというものではなく、
心を込めて相手への敬意を表すことが大切。

☑ 3種類のお辞儀をシチュエーションに合わせて
使い分ける。

お辞儀のマナー

立ち止まり、
相手の目を見る

あいさつをする

腰から折って
お辞儀をする

お辞儀をした後に
相手の目を見る

◎場面にふさわしい正しいお辞儀を

　お辞儀は、相手に対して「敬意、感謝、謝罪」などの気持ちを表すものです。シチュエーションに合わせて「会釈」「敬礼」「最敬礼」の3種類のお辞儀を使い分けます。いずれも、背筋を伸ばしたまま、腰から上半身を折るのが基本。頭を下げる動作より、戻る動作をゆっくりと行うと、丁寧な印象になり好感が持てます。

　首をペコリと下に向けるのは、お辞儀とはいえません。また、何度もペコペコする、歩きながらお辞儀をする、お辞儀の際に相手の顔を一切見ないのは、お辞儀のマナーに反します。場面にふさわしいお辞儀を正しく行うことが大切です。

ＴＰＯに応じてお辞儀を使い分ける

いずれも基本の立ち姿勢（P40参照）からお辞儀をします。

会釈（軽いあいさつ）	敬礼（日常的なお辞儀）	最敬礼（丁寧なお辞儀）

| 15度 | 30度 | 45度 |

場面

上司やお客様とすれ違うとき／用件を聞くとき／応接室などへの入退室のとき

あいさつ

「かしこまりました」
「失礼いたします」

場面

出迎え・見送りのとき／初対面の人にあいさつするとき／感謝を伝えるとき

あいさつ

「いらっしゃいませ」
「よろしくお願いいたします」
「ありがとうございました」

場面

謝罪するとき／深く感謝するとき／役員やお客様の車が立ち去るとき

あいさつ

「大変申し訳ございません」
「誠にありがとうございました」

会社のロッカーに 置いておくと便利なもの

　カジュアルスタイルで仕事をしている人も、急に上司と取引先に行くことになったときや、食事会に参加することになったときなどに備えて、ロッカーの中に黒、紺、グレーのいずれかの色のジャケットや、プレーンな黒の靴やパンプスを置いておくとあわてずにすみます。それらを身につければ、見た目もきちんとした印象になります。普段、スーツで仕事をしている男性の場合は、会社に黒のネクタイを用意しておくと、急なお通夜への出席にも失礼がありません。ほかにも、いつもカジュアルなリュックやバッグで通勤している人は、他社訪問用にＡ４サイズが入る手提げ型のビジネスバッグを入れておいてもよいでしょう。

　また、もしものときのために会社のロッカーに防災グッズを備えておくのもおすすめ。靴やパンプスで通勤している人は、避難するときに履くスニーカー、防寒のためのコンパクトに収納できるウインドブレーカーや膝掛け、常備薬などがあると安心です。

リュックで通勤　　　　ビジネスバッグはロッカーに

こんなものもあると便利

- 折り畳み傘
- 制汗スプレーやシート
- マスク
- エチケットブラシ
- カーディガン
- 裁縫セット
- 歯みがきセット
- 生理用品
- 鎮痛剤、絆創膏
- モバイルバッテリー
- 充電器
- 筆記用具

PART 3

守りたい!
働き方の
ルールとマナー

BUSINESS
MANNER

1

社会人としての**ルール**と**マナー**

知っ得ポイント

☑ 働く上で会社のルールは守るのが基本。

☑ マナーは、信頼を築くために
身につけておくべきもの。

罰則がなくてもマナーは重要

ルールは守らないと罰則がありますが、マナーは守らなくても罰則はありません。だからといってマナーを軽視するのは禁物。罰則はなくても、相手を不快にさせることで、仕事や人間関係に悪影響を及ぼし、結果、自分が損をします。

ルール（規則）

- 決まりごと
- 法律
- 会社の就業規則

○ **会社の就業規則を
守って仕事をする**

遅刻や無断欠勤、会社の機密情報を
外部に漏らすことは、就業規則に反し
ます。

社会人として必ず**ルール**
は守ること

マナー（礼儀）

- 相手を思いやる心、配慮
- 礼儀作法

○ **社会人に必要な
マナーを身につける**

あいさつをしない、正しい敬語を使わない
などの態度をとると、相手を不快にさせて
しまいます。

社会人として必要な**マナー**
は身につけよう

◎ルールとマナーはどちらが欠けてもいけない

　今ではテレワークやフリー契約など、働き方や雇用条件もいろいろですが、どのようなスタイルであっても、仕事をする上で必要なのがルールとマナーです。ルールを無視した勝手な行動や、マナー知らずの無礼なふるまいは、周囲に迷惑をかけて不快な思いをさせるため、仕事もスムーズに進みません。

　一緒に仕事をする人たちと気持ちよく働くためには、会社のルール（規則）をよく理解して守ること。そして、さまざまな人と上手にコミュニケーションをとるためにも、相手を思いやるマナーが必要です。どちらが欠けてもいけません。それを理解して仕事をするようにしましょう。

ケース別 ルールとマナーの違い

CASE 1　取引先の人とタクシーに乗るとき、真っ先に運転手の後ろの席に乗る

ルール　規則にはない　　マナー　**NG**

マナーを知らないと会社のイメージダウンに

　車にも席次（立場に応じて座る席の順番）があります。取引先の人は立場が上なので上座に座りますが、タクシーの場合の上座は運転手の後ろです。その席に乗り込んだからといって、取引先の人から怒られることも、会社から罰則もありません。しかし、中には「真っ先に上座に行くなんてマナー知らずの人だ」と不快に感じる人もいるでしょう。

　あなたの行動が会社のイメージにつながります。自分自身はもとより、会社のイメージを損なわないよう、マナーを身につけておくことが大切です。

CASE 2　遅刻ギリギリ、始業時間ピッタリに出社（または席に座る）

ルール　遅刻ではない　　マナー　**NG**

始業時間は業務をスタートする時間

　仕事を始める際は、パソコンを立ち上げる、今日1日の仕事を確認するなどの準備が必要です。始業時間ピッタリの出社だと、そのスタートが遅れます。仕事をスムーズに進めるためにも、できるだけ始業時間の10分前には出社するようにしましょう。

　フレックスやテレワークなどで、会社の始業時間が全員同じではなくても、始業時間は業務開始時間という意識を持って、仕事に取り組むことが大切です。

2

出社から退社までのマナー

☑ 出社、退社時にはあいさつを欠かさない。

☑ 自分勝手な行動は慎み、就業時間内は業務に専念する。

出社・仕事中・退社時のマナー

出社（始業）

あいさつをする

あいさつは、積極的にするもの。オフィスに入ったら、笑顔で明るく「おはようございます」とあいさつしましょう。

○リモートワークの場合

相手が画面に映ったら、「鈴木です。おはようございます」と、口角を上げた笑顔であいさつを。複数参加の場合でも、名乗ると誰からのあいさつか、すぐに伝わります。表情も相手にわかるよう、ややオーバー気味がベター。

仕事中

業務に集中する

私語は慎み、静かに仕事をします。大声での電話や、乱暴なドアや机の引き出しの開け閉めは迷惑になるので気をつけましょう。また、自分のSNSをこまめにチェックしたり、デスクでずっとお菓子を食べながら仕事をしたりするのもNG。

✎ To Do リストをつくる

スケジュールを確認し、その日にやるべきことを箇条書きにして書き出します。一つひとつの仕事が終わったら、□にチェックを入れたり、線で消したりしていきます。こうすることで、達成感も得られます。

例）
□ ×× 社の資料をまとめる
□ ○○社の山田さんに、△△の件をメール
□ 14 時、佐藤さんと打ち合わせ
□ 報告書の作成
□ 資料送付のリスト作成
□ 加藤部長に○○の見積もりについて確認

◎職場の人とコミュニケーションをとりながら仕事を

　最近では、働き方も多種多様で、テレワークも多くなっていますが、職場の人とはどんなカタチであれ、うまくコミュニケーションをとることが、仕事を進める上で重要です。

　出社したとき、退社するときは、必ずあいさつを。リモートでも、あいさつから始まり、あいさつで終わるようにします。また、就業時間中は、上司や先輩の指示を受けながら業務に専念すること。スマホをいじり続ける、私用の外出をするなどの自分勝手な行動はもってのほかです。やるべき業務が終わったら、上司に報告してから退社します。

離席・外出時は、ひと声かける

　社内での打ち合わせ、ランチなどで離席するときは「ミーティングルームで打ち合わせをしています」「食事に行ってきます」と、周囲にひと言かけると、電話などがあったときに適切な対応をしてもらえます。社外への営業や打ち合わせで外出するときは、行き先と戻り時間を書くホワイトボードがあれば記入し、時間になったら「行ってまいります」と言って出かけます。

○リモートワークの場合
仕事で外出する際は、前もって予定を伝えておきます。

退社（終業）

その日の業務を上司に報告

　上司に、その日の業務の進捗状況を報告し、翌日の業務予定を確認し、情報を共有します。

○リモートワークの場合
上司に、業務報告をメールします（会社で規定のひな型があれば、それに記入）。

退社のあいさつをする

　黙って帰るのはマナー違反。必ず、職場の人に「お先に失礼いたします」と、あいさつをしてから退社しましょう。

上司や先輩が忙しそうなときは手伝いを申し出る

　自分のやるべき業務を終えた後、上司や先輩が忙しそうにしている場合は、「何かお手伝いすることはありませんか」と、ひと言声をかけるのがベター。終業時間後に予定がある場合は「申し訳ありませんが本日は予定があり、これで失礼させていただきます」とあいさつし、「明日、お手伝いできることがありましたらおっしゃってください」と、ひと言添えるとよいでしょう。

3

遅刻・欠勤・早退のマナー

☑ 遅刻や欠勤の連絡はメールではなく、
　必ず電話でする。

☑ 遅刻したときは、まず謝罪の言葉を述べること。

連絡のしかた

遅刻するとき　遅刻の理由と出社予定時間を伝える

おはようございます。鈴木です。
事故で電車が遅れており、
○○駅に着いたところです。
9時半までには会社に着くと思います。
よろしくお願いいたします

寝坊したときは素直に
「寝坊しました」と言おう

欠勤するとき　体調不良でも自分で電話をする

おはようございます。申し訳ございません。
昨夜から体調が悪く、熱もあるため、
本日は休ませていただけませんでしょうか

親に連絡してもらうのは、
社会人の自覚なしだよ

早退するとき　引き継ぎをしてから退社する

申し訳ございません。
先週お伝えいたしましたが、本日は、
午後から父の通院に付き添うため
早退させていただきます

急な体調不良のときは、
上司に報告して早退を

◎遅刻や欠勤は始業前に上司へ電話連絡を

　遅刻や欠勤は、仕事に支障を及ぼす緊急性の高いものなので、連絡はメールではなく、電話でします。メールやチャットアプリなどは、相手がチェックするまで情報が伝わりませんが、電話は相手が出た時点で「遅刻（欠勤）します」と確実に伝えることができるからです。

　遅刻や体調不良などでの欠勤は、始業前に上司へ電話で連絡をするのがマナー。早退も事前にわかっている場合は、上司に早めに伝えます。いずれも、その日にしなければいけない仕事が滞ることで、職場に迷惑がかかります。出社時には、お詫びとフォローのお礼を述べましょう。

遅刻・欠勤・早退をするときのポイント

遅刻

● 始業前、上司が出社する時間帯に電話をします。上司が不在の際は、電話に出た人に遅刻することを伝えます。上司には、時間をおいて再度連絡します。

● 電車に閉じ込められたときは、電話だと周囲の人に迷惑をかけるので、メールやチャットアプリなどのSNSで職場の人に連絡し、駅に着いたら電話で改めて連絡します。

欠勤

● 体調不良や身内の不幸などで急に欠勤するときは、始業前、上司に連絡をします。上司が不在の際は、電話に出た人に欠勤することを伝えます。上司には、時間をおいて再度連絡します。

● 上司にその日の仕事の予定を伝え、どうするかを相談し、指示を仰ぎます。先輩や同僚にフォローをお願いするため、仕事の引き継ぎをします。

早退

● 前もってわかっている場合は、上司へ事前に伝え、許可を得ます。

● 体調不良や家庭の事情で早退をする際は、上司に理由を伝え、許可を得ます。

● その日に予定していた仕事について上司に相談し、先輩や同僚にフォローをお願いするため、仕事の引き継ぎをします。

4

リモートワークの働き方

知っ得ポイント

☑ 仕事のオン・オフの切り換えをすることが、効率アップにつながる。

☑ コミュニケーション不足にならないよう、上司や仕事関係者とは、こまめに連絡を取り合う。

リモートワークのメリット・デメリット

メリット

- 通勤する必要がない。
- 家やワーキングスペースなど、好きな場所で働ける。
- 一人で集中して仕事ができる。
- 工夫次第で、仕事の生産性を上げられる。
- 楽な服装で仕事ができる。

デメリット

- 仕事のスイッチが入りにくい。
- しっかり自己管理できないと、仕事が終わらない。
- 会話がないので、孤独に感じる。
- ちょっと聞きたいことが、聞きにくい。
- 情報漏えいのリスクがある。

仕事のオン・オフをはっきりさせるには、自分で時間や仕事の管理をすることが必要!

◎自由な半面、自己管理能力が求められる

リモートワークとは、会社に出社せず、自宅やワーキングスペースなどで働くこと。最近は導入している会社も増えています。

通勤の必要がない、環境が整った場所ならどこでも好きな場所で働けるなどのメリットがある一方、仕事のオン・オフがつけにくいというデメリットも。

仕事環境は変わっても業務内容は変わりません。リモートであっても、上司をはじめ仕事関係者とはこまめに連絡を取り、しっかりと自分でスケジュールを管理しながら仕事を進めていくことが大切です。

※テレワークは「情報通信技術を活用した場所や時間にとらわれない柔軟な働き方」で、リモートワークよりも柔軟な働き方。会社員だけでなく個人事業主やフリーランスの人なども対象。

リモートワークのポイント

1 自分に合った生活のルーティンを決める

仕事を効率よく進めるためには、時間をしっかり自己管理することが必要です。起床時間、業務開始時間、休憩時間、終業時間を決め、毎日のルーティンとすると、仕事のオン・オフがつきやすくなり、集中して仕事ができます。

会社によっては、始業時間にリモートでの朝礼を行い、一斉に業務開始するところもありますが、それがなくても基本的には会社の就業時間に合わせて、終業時間までに予定していた仕事を終わらせるようにしましょう。

2 社内外の人への連絡は、就業時間内に

上司や取引先の人への電話やメール連絡は、できるだけ会社の就業時間内に行うようにします。相手も自分と同じルーティンでリモートワークをしているわけではありません。早朝や夜遅い連絡は相手に迷惑です。例えば、朝の8時からリモートワークをしていても、8時には連絡せず、始業の9時になってから連絡をするようにしましょう。

3 積極的にコミュニケーションをとる

リモートワークは、一人で黙々と業務を遂行するため、どうしてもコミュニケーション不足になりがちです。仕事をスムーズに進めるために、コミュニケーションは欠かせません。会社で業務を行っているとき以上に、上司への報告・連絡・相談（P58 参照）をこまめに行いましょう。また、仕事関係者とも、積極的にメールや電話などで連絡を取り合い、情報の共有をすることが大切です。

会社内で、リモートワークのルールがあれば、それに従います。

リモートワーク中の電話とメールの注意点

 電話

　家族がいる場合、電話をかけるとき、受けるときは、できれば家の中でも静かな場所に移動して話をします。

　大半は、自分のスマホを使用すると思いますが、前もって電波状況も確認しておくと、途中で切れて相手に迷惑をかけることがありません。

　なお、電話中に宅配便の人などが来た場合は、「申し訳ございません。こちらから、すぐに折り返してもよろしいでしょうか」と伝え、電話を切るとよいでしょう。

 メール

　リモートワーク中、自分のパソコンを利用している際も、メールの署名は、会社のものと揃え、会社名、会社の連絡先、所属名、氏名があるものにしましょう。基本的に、電話連絡は会社を通してとなります。

　ただし、署名の上または下に「リモートワーク中です。連絡は、090-××××-××××にお願いいたします」と、会社から支給されているスマホの番号や、教えてもよければ自分のスマホの番号を入れてもよいでしょう。

リモート中のコミュニケーション

相手を思いやる気持ちを表すのがマナーです。それは、リモートワークであっても変わりません。相手に配慮した言動を心がけ、信頼関係を築いていきましょう。

あいさつと言葉づかいは大切

　リモートワークでは、メール、電話、Zoomなどのweb会議ツールを使ってのコミュニケーションが基本。どのツールを使うにしても、はじめに明るくあいさつをすることで、相手は好感を持ってくれます。会議ツールの画面でやりとりするときは、表情も大切。口角を上げ、相手に笑顔であいさつをします。

　また、言葉づかいひとつで、印象はよくも悪くもなります。正しい敬語を使うのはもちろん、本題に入る前に「申し訳ありませんが」など、やわらかい表現になるクッション言葉を使うと、角が立ちません。

社内の人へのメールには世間話を入れても

　リモートワーク中の連絡は、メールが中心となります。メールは、①あいさつ、②名乗り、③本文（本題）、④結びの構成を基本に、言葉づかいに注意して送ります。しかし、社内の人への連絡メールには、ときとして本題の最後に追伸で「先日、先輩に紹介いただいたお店に行って、おすすめのスイーツを食べてきました。とてもおいしかったです」などの世間話を入れると、会っていなくても、良好な人間関係が築きやすくなります。

リモートだと、上司に質問や相談がしにくい

Q 会社で一緒に働いていれば、上司や先輩にちょっとしたことでも聞きやすいですが、リモートだと緊張します。また、「こんなことを聞いていいのかな」と、躊躇してしまいます。

　会社の部や課でLINEのグループラインがあれば、それを利用すると聞きやすいかもしれません。前もって、「わからないことがあったら、グループラインで聞いてもよろしいでしょうか」と、確認しておくとよいでしょう。

　それがなければ、1日の業務報告書をメールするときに疑問点を書く、朝のweb会議ツールを使ったあいさつの後、「申し訳ありませんが、少しお話ししてよろしいでしょうか」と言って聞くのも一つです。

　新人であれば、わからないことが多いのは当然のこと。わからないまま自分で判断して進めるほうが、のちのち問題になります。小さなことでも疑問点があれば、遠慮せずに上司や先輩に聞くようにしましょう。

仕事の効率が上がらない

Q 自宅で仕事をしていると、仕事のスイッチが入りません。さぼっているわけではありませんが、効率が悪く仕事が終わらず、遅い時間まで作業することになってしまいます。

　リモートワークの場合、仕事をする場所や時間もある程度、自由がききますが、それによって仕事のスイッチが入りにくくなることも。結果、時間内に仕事が終わらないという事態を招きかねません。

　まず仕事がしやすい環境をつくることが大切です。整理整頓をして、仕事スペースをしっかり確保します。また、リモートなので服装はカジュアルでかまいませんが、スーツでなくても少し改まった服装にすると、仕事モードになりやすいかもしれません。さらに、時間はスマホではなく、時計を見るようにします。スマホで電話連絡していたり、パソコンで作業をしていたりすると、すぐに時間を確認できなかったりします。パッと目にとまる場所に時計を置くと、時間管理がしやすくなります。「○時までにこの作業を終わらせる」と、目標を持つとやる気も出ます。

リモートワークは、自分の工夫次第で効率もアップする。いろいろ試して、効率のよい方法を見つけて

オンライン会議でのマナー

☑ 入室したらあいさつをする。

☑ 発言するとき以外はミュートにし、
雑音が聞こえないようにする。

オンライン会議のポイント

☐ 開始3分前の入室を目安に

⇨ 入室はホストが招待していないとできません。原則、開始時間に入室すればよいので、3分前の入室を目安に準備すればよいでしょう。

☐ 入室したらあいさつをする

⇨「おはようございます」「はじめまして、○○社の鈴木です。本日はよろしくお願いいたします」など、あいさつをしながら、頭を下げてお辞儀します。

☐ 話すときは声のトーンは低めに、ゆっくりと

⇨ 落ち着いた印象を与えるためには、声はやや低めにしたほうがベター。そして、相手が聞き取りやすいよう、話す速度はゆっくりを心がけます。

☐ 人の話をさえぎらない

⇨ 発言するときは、相手が話し終わってからにします。ホストが進行役となっている場合、挙手してもよいでしょう。

☐ 発言していないときはミュートに

⇨ 電話やインターホン、そのほかの雑音が聞こえないよう、発言していないときはミュートにします。なお、発言時は解除することを忘れずに。

☐ 映像ありで相手に安心感を

⇨ 取引先とのオンライン会議の場合は、顔を出して認識し合うとよいでしょう。お互いに顔を見ることで意思の疎通が図れます。

☐ 人の話を聞くときは大きくうなずく

⇨ 画面を通して、相手に伝わるよう、うなずきも大きくリアクションします。自分が話すときも無表情ではなく、豊かな表情を心がけましょう。

◎入室は開始時間までに、退出は終了と同時でOK

オンライン会議をするときは、事前にインターネット接続を確認し、カメラの位置をチェックをし、身だしなみを整えて臨みます。

入室は、できるだけ早くという決まりはありません。ホストによって、招待（会議室をオープン）する時間はそれぞれですので、開始時間までに入室していればよいでしょう。

退出する際は、「本日はありがとうございました」「失礼いたします」とひと言あいさつをします。ホストが会議終了を告げれば、目上の人の退出を待たずに退出しても失礼にはなりません。

自宅からのオンライン会議参加の注意点

社内のラフなミーティングであれば、神経質になる必要はありませんが、社外の人や役職の高い人が参加する会議では、次の点に注意しましょう。

電話が鳴らないように設定

会議中に電話が鳴らないよう、スマホはマナーモードにします。家の固定電話は、元の電話線を切っておいてもよいでしょう。

宅配便の荷物が会議中に届かないようにする

宅配を頼む際は、オンライン会議中の時間に重ならないよう、事前に日時指定にしておきます。

インターホンはボリュームを小さく

インターホンの機種にもよりますが、消音設定があれば設定します。または、ボリュームを「小」にしておきます。

インターホンから離れた部屋でペットも入れない

インターホンが鳴ると参加者が集中できないので、できるだけインターホンから離れた部屋を使用します。また、ペットの鳴き声がしないよう、部屋には入れないようにします。

やむを得ず離席するときはひと言お詫びを

環境が整えられず、インターホンが鳴ったりして、やむを得ず対応しなくてはいけないときは、「失礼いたします」と言って離席して、戻った後、タイミングを見て謝罪をします。

6

報告・連絡・相談は仕事の基本

知っ得ポイント

- ☑ 仕事をスムーズに進めるためにも、
  報告・連絡・相談は忘れずに。
- ☑ 情報を共有することで、ミスやトラブルを防ぐ、
  または最小限に抑えられる。

「ホウレンソウ」でコミュニケーションを

報告・連絡・相談の３つのアクションは、一緒に仕事をしている人たちとコミュニケーションをとりながら、円滑に仕事を進めていくものです。

●リモートワークでのホウレンソウ

メールや電話、web 会議ツールを使って、こまめにホウレンソウを。なお、相手に正確に伝わるよう、わかりやすく簡潔な文面を心がけることが大切です。

◎ 全ての仕事でホウレンソウを徹底すること

　会社は、チームで仕事を行っています。そのため、「報告・連絡・相談」(ホウレンソウ) で情報を共有していないと、仕事をスムーズに進めることができません。リモートワークや、勤務時間が自由な働き方が増えている今は、特に情報共有のホウレンソウを密にとることが求められます。

　報告や連絡を怠ると、ミスやトラブルを招くばかりか、仕事が滞る事態にも。また、小さなミスも黙っていると、大きなトラブルに発展しかねません。何かあったら、すぐに上司へ相談をすることが、トラブル回避や損害を抑えることにつながります。仕事では、ホウレンソウを徹底するようにしましょう。

仕事で心がけたい「ホウレンソウ」

報告　仕事の指示を受けた上司、先輩に、仕事の状況をこまめに報告します。相手も進捗状況がわかり、安心します。また、ほかの仕事の調整や準備もできます。

- 仕事の進捗状況
- 仕事の途中経過、結果報告
- ミスやトラブルの報告

Aの件ですが、○○社の山本様より、先日うちが提案したもので進めてほしいと連絡がありました

連絡　仕事の状況や情報を共有するために、社内外の関係者に連絡をします。連絡事項は、メール、電話など、内容や緊急性に応じ、適した伝達ツールを使います。

- 打ち合わせの日時(変更も含む)
- 仕事内容の変更
- 会議の議事録や決定事項

○○社の企画部との打ち合わせですが、7月3日(水)14時からオンラインで行うことになりました

相談　わからないことがあるときや、問題が起きたりしたときは、上司に相談します。仕事に関する悩みや、職場の人間関係に関しても、一人で悩まず相談を。

- 仕事の内容や進め方
- 自分では判断に迷うとき
- お客様からのクレームがあったとき

Bの件ですが、○○社の担当の須藤さんから、まだ回答をいただいておりません。いかがいたしましょうか

報告のしかた

報告するときは、自分勝手な解釈で伝えたり、感情的に話したりすると、相手は間違った情報を事実と認識してしまいます。必ず「事実」だけを正確に伝えましょう。

① 報告内容を整理する

相手にわかりやすく伝えるために、「5W3H」（P116参照）で内容を整理します。

② 相手の都合を聞く

話を聞いてもらえる状況か、相手の都合を聞きます。相手が忙しいときは避けましょう。

> Aの案件で、報告したいことがあります。今、お時間よろしいでしょうか

③ 結論から先に述べる

結論から述べます。先に詳細をダラダラと述べると、相手は「結局、何が言いたいんだ」と思ってしまいます。

④ 事実を報告する

自分の意見や憶測ではなく、結論に至るまでの事実のみを簡潔に話します。

ポイント

言い出しにくい悪い報告ほど、早く、正直に話すことが大切だよ!

- 仕事の指示をした人（上司や先輩）に報告をする。
- 報告は、事実だけを正確に話す。
- 上司に「あの件はどうなっている?」と聞かれる前に報告をする。
- ミスやトラブルなど悪い報告は、対策や検討を急ぐので、早めにする。
- リモートワークの場合、メールでこまめに報告をするようにする。

[上司への報告のタイミングがつかめないとき]

　上司のことをよく観察し、会議や食事から帰ってきたときや、飲み物を飲んでいるときなどを見計らって話しかけます。その際、「Aの案件で、報告があります」と、何の用件かを話した上で、相手の都合を聞きましょう。そのときに時間がとれなくても、上司は必ず時間をつくってくれるはずです。なお、報告の内容によってはメールで報告をし、「Aの案件の報告を先ほどメールいたしましたので、ご確認ください」と、デスクにメモを置いてもよいでしょう。

連絡のしかた

連絡は、口頭、メール、電話、文書、メモなどを使い、確実に相手に伝えることが大切です。

迅速に伝える

連絡が遅くなることで、仕事に支障が出ることも。連絡事項は早めに伝えることが大切です。

正確かつ簡潔に伝える

仕事の関係先からの問い合わせ、スケジュールの変更などの連絡は、「5W3H」で内容を整理し、事実をそのまま伝えます。

メールやSNSなどで情報を共有

プロジェクトチームなどで仕事をする際は、グループメールやチャットアプリなどを活用して、必要な連絡事項を共有します。

相談のしかた

何でも相談するのはNG。まずは自分で考えたり調べたりし、その上で解決できない、判断できないというときは、内容を整理してから相談しましょう。

1 相談内容を整理する

相手が理解できるよう、相談したいこと、事実関係、自分の考えなどを簡潔にまとめます。前もって、相談内容を箇条書きにしたメモを作成し、それを見ながら話してもよいでしょう。

2 相手の都合を聞いた上で相談する

相談内容によっては時間がかかる場合があります。相手の都合を聞き、相談の時間をつくってもらいます。

> 相談があるのですが、お時間をとっていただけませんでしょうか

3 アドバイスをもらったら、あとで結果を報告する

アドバイスを受けたら、それを実行してどうなったのかを必ず報告し、お礼を述べます。

> 先日はありがとうございました。○○の件、無事に解決いたしました。加藤部長のアドバイスのおかげです。本当にありがとうございました

仕事の指示を受けるとき

☑ 指示された内容について正確にメモをとり、
認識間違いがないよう復唱をする。

☑ 複数の指示が出たときは、
優先順位を確認する。

指示の受け方

1 名前を呼ばれたら「はい」と返事をする

上司や先輩から名前を呼ばれたら、作業している手を止め、「はい」と返事をし、メモとペンを持って呼んだ人のもとに行きます。

鈴木さん、
ちょっといいかな

はい。
何でしょうか

メモとペンを
忘れずに

2 指示内容をメモする

指示内容をよく聞きながらメモをします。5W3H（P116参照）をふまえた9マスメモで要点を書き留めると、確認がしやすくなります。なお、メモをとる際、ときどき相手の顔を見たり、相づちを打ったりし、「あなたの話をきちんと聞いています」というサインをすると、相手は安心します。

9 マスメモ

何を 新製品の資料	なぜ 新製品発表会で使用	どのように 資料を作成し、プリント
誰が 加藤部長より	資料準備 （指示内容）	いくらで
いつ 9月20日 10時	どこで ○○ホテル △△の間	どのくらい 150部

◎指示を正確に理解し、実行すること

　仕事の多くは、上司や先輩からの指示を受けることから始まります。指示を受けるときは、指示内容を正確に理解し、実行するために、必ずメモをとりましょう。内容をメモしながら疑問に思ったことは、話を全て聞き終えた後に質問します。よくわからないまま進めるのはミスの原因になるので禁物です。そして、最後にお互いの認識に違いがないよう、必ず復唱して確認します。

　指示された仕事と現在進行中の仕事が重なっていたり、複数の指示を受けたりした場合は、どちらを先にすべきか優先順位を確認します。また、メールでの指示には必ず返事をし、疑問点があればメールか電話で確認します。

3 疑問点があれば質問をする

　よくわからない点は、上司や先輩の指示をひととおり聞いた後に、まとめて質問します。

4 指示内容を復唱する

　間違いがないよう、指示内容を復唱して、双方の認識を一致させます。

リモートワークの場合

1 メール内容を確認し、「承知いたしました」と返信

　メールによる指示が中心となります。上司や先輩から、仕事の指示のメールが届いたら、まずは「○○の件、承知いたしました」と、指示のメールを受け取ったこと、指示どおりに実行することをメールします。黙ったまま、実行するのは禁物。指示した側は、メールを確認しているか不安になります。

2 疑問点があればメールや電話で確認

　わからない点は、メール、電話、SNSなどで確認します。

[指示内容に対して思うことがあるとき]

　指示された仕事の進め方では非効率だと思った場合は、「提案」という形で上司や先輩に言いましょう。その際「差し出がましいようで申し訳ありません」と前置きしてから、「○○の進め方ですが、△△というやり方はいかがでしょうか」と話します。

ミスをしたとき

☑ ミスをしたら、すぐ上司に報告し、謝罪をする。

☑ 上司の判断を仰ぎ、その後、
　同じミスがないよう防止策を考える。

ミスに気づいた後の対処のしかた

1 すぐに上司へ報告し、謝罪を

　時間が経つと、事態は大きくなりがちです。ミスの対処は時間との勝負。ミスに気づいた時点で、早急に上司へ報告をします。ミスをした経緯や理由より、まずはどんなミスをしたのか結論から話し、謝罪をします。

○ 時間をもらう

> 早急にご報告したいことがあるのですが、お時間いただけませんでしょうか

○ 結論から話し、謝罪をする

> A社への納品ですが、300個を3000個と間違えて発送センターに伝票を送ってしまいました。申し訳ございません

これはNG

ミスを報告するとき、「でも」「だって」と言い訳をするのは禁物。まずは謙虚にミスを認めて、謝罪、反省をすることが、社会人としてのマナーでもあります。

◎ミスに気づいたら隠さず、すぐに報告するのが得策

　人間なので、ミスをしてしまうこともあります。重要なのは、その後の対処のしかたです。

　怒られたり責められたりするのがイヤで黙っていたり、自分の判断で処理したりするのは、傷口を自分で広げるようなもの。小さなミスでも大きなトラブルに発展しかねません。

　ミスに気づいたら、すぐに上司へ報告し、謝罪をしましょう。言い訳は禁物。事実のみを伝え、上司の判断を仰ぎ、指示に従います。そして、同じミスを繰り返さないよう、自分なりに再発防止策を考えて実行しましょう。

❷ 上司の判断を仰ぎ、指示に従う

　ミスにどう対処すればよいか、上司の判断を仰ぎます。対処後は、上司に報告をし、お詫びとお礼を伝えます。対処に時間がかかる場合は、進捗状況をこまめに報告します。

発送センターの担当者に連絡をとり、
新たな伝票を送りました。
このたびは、申し訳ございません。
ご指示のおかげで、ことなきを得ることができました。
ありがとうございます

❸ ミス再発防止策を考えて実行する

　なぜミスをしてしまったのか、どうすれば防ぐことができたかを考え、対策を講じます。先輩の対策を聞いて、参考にしてもよいでしょう。

パソコンの画面横に「数を確認」のフセンを貼る、すぐにメールせず、少し時間をおいてから再度、数を確認するなど、対策はいろいろあるよ

[注意されたとき]

　上司や先輩からの注意や指摘に対して、落ち込んだり、重く受け止めたりするのではなく、もっとポジティブに考えましょう。注意をしてくれた相手は、あなたの人格を否定しているわけでも嫌っているわけでもありません。あなたのことを思い、改善してほしいと注意しているのです。いわば、注意してくれた人は、あなたの味方です。まずは、注意されたことを素直に受け止めること。その上で反省し、改善につなげるようにしましょう。

機密情報を守る

知っ得ポイント

☑ むやみに自分の会社のことを他人に話さない。

☑ 会社の人の個人情報の取り扱いにも注意する。

社内外を問わず、人に会社の機密を話すのはNG

ここだけの話なんですけど、うちの会社と○○会社が業務提携するらしいわよ

6月の人事で、営業部の吉川部長、仙台営業所の所長になるみたいだって

カフェや電車の中で仲のよい友人と話すときも、会社のことは言わないで

会社の機密情報

● 発売前の新商品の情報
● 企画中の案件
● 未発表の企業の合併や業務提携
● 取引先との契約条件

● 社外秘の情報
● 社内の人事
● 社員やお客様の個人情報　など

◎会社の機密情報には十分注意する

　会社の機密情報を外部に教えることは、情報漏えいにあたります。「このくらいなら大丈夫」と、口外したり、情報を安易に取り扱ったりするのは禁物。たった一人の何気ない言動が、会社の信用を落とし、大きな損害を与えるということをよく認識しておきましょう。

　普段から、自分の会社のことは、むやみに他人に話さないようにします。また、社員の住所やスマホの電話番号などの個人情報は、許可なく教えてはいけません。会社にとっての機密情報は何かをよく理解し、それをしっかりと守るようにしましょう。

情報漏えいを防ぐポイント

機密書類をメールするときはパスワードを

　機密書類をメールで添付するときは、必ずパスワード設定をし、パスワードは別便で送ります。セキュリティ性の高いストレージサービスを利用してもよいでしょう。

機密書類は追跡可能なもので送る

　機密文書は、中が透けないよう二重封筒にします。また、機密書類や重要な物品を送るときは、書留、宅配便など追跡可能なサービスを利用します。

書類は確実に処分

　機密書類、数字や人名が入った書類は、シュレッダーにかけるか、溶解処分（専用ボックスに入れて業者へ依頼）します。

離席するときの注意

　デスクの上の書類は裏返しにし、パソコンの画面もスリープ状態またはスクリーンセーバーにして、見えないようにします。

メールの誤送信に注意

　情報漏えいで気をつけたいのが、メールの送付先や添付書類を間違えるなどのうっかりミス。送信ボタンを押す前に、2度以上は確認して送りましょう。

機密書類の取り扱いには十分に注意する

　「社外秘」の機密書類は、無造作にデスクに置かないようにします。また、コピーするときは、原本の置き忘れに気をつけます。

　リモートワークの場合、書類や資料の紛失には十分に注意します。また、むやみに仕事のことを家族に話さないようにしましょう。

SNSを使うとき

☑ SNSのリスクを十分理解した上で、
社会人の自覚を持って使う。

☑ 配慮を第一に、冷静になって投稿してよい
内容か必ず見直しをする。

SNSを使うときの注意点

トラブルを回避するためにも、マナーや注意点を守りましょう。

自宅でリモートワークをしている人は、投稿する写真に仕事関係のものが少しでも映っていないかを十分にチェックして

写真投稿の際は十分注意を

　会社内で同僚と撮ったスナップ写真の中には、重要書類、社員の行動予定表、パソコン画面などが映り込んでいることがあります。悪気はなくても、情報漏えいとなるので注意が必要です。写真を投稿するときは、拡大をして、個人情報や会社の機密情報につながるものがないかを確認しましょう。

◎リスクを考えない無知な行動はしない

　ＳＮＳは便利なコミュニケーションツールですが、リスクを認識せずに使うと、思わぬトラブルを招きます。

　配慮に欠ける投稿で、職場の人間関係を悪くしたり、会社への批判的な投稿によって、会社のイメージをダウンさせたりすることを理解しておきましょう。たとえ、限定公開でもインターネット上に出たものは、簡単に削除ができません。また、気軽につけたハッシュタグで、人を傷つける内容が拡散し、炎上することも。投稿するときは、個人情報や会社の機密情報につながるものはないか、人を不快にさせる内容でないかを冷静に判断し、確認してからにしましょう。

社内の情報は投稿しない

　未発表の商品の情報や仕事の案件、個人情報など、企業の守秘義務に反することを投稿すると、会社の信用度が著しく低下するばかりか、投稿者本人も情報漏えいの罪に問われることもあります。

仕事での使用は確認を怠らない

　仕事でＳＮＳを利用する場合は、間違った情報ではないか、配慮のない発言になっていないか、情報漏えいにつながるものはないかなど、細かく確認をしましょう。

仕事関係者のうわさ話や愚痴を投稿しない

　友人とのＳＮＳと同じ感覚で、仕事関係者のうわさ話、会社に対する愚痴、社内の特定の人に対する誹謗中傷、批判的、差別的な発言を投稿するのは禁物です。仕事関係者の名前や役職を投稿するのもＮＧ。

[軽い気持ちの投稿が身を滅ぼすことも]

　ＳＮＳに会社を誹謗中傷するような投稿をした場合、会社から刑事告訴されることもあります。また、情報漏えいや、不適切な写真投稿で会社のイメージを著しく低下させるなど、会社に大きな損害を与えた場合は、損害賠償を請求されることもあります。

　ＳＮＳによって、自身が社会的立場を失わないよう、社会人として良識を持って使いましょう。

11

会社への必要な届け出

知っ得ポイント

☑ 会社のルールに従って、必要な届け出をする。

☑ 有給休暇は早めに申請し、
　不在時の引き継ぎをしておくとスマート。

届け出のマナー

結婚　結婚で名字が変わったり、扶養家族ができたりすると、社会保険や納税などの変更手続きが必要です。会社の人を結婚式に招く場合は挙式の3〜4カ月前に報告します。「婚姻の届け出だけで式はしない」という場合も、会社での手続きは必要。最低でも婚姻の届け出の1カ月前までには上司や担当部署へ報告をしましょう。

○離婚の際も、上記の理由から、届け出が必要。

妊娠　妊娠初期は精神的・肉体的な負担が体に悪影響を及ぼすことがあるので、妊娠がわかったら、なるべく早く上司に報告しましょう。そして、産休・育休前に届け出を提出します。女性の場合、育休明けの働き方についても相談しておくとよいでしょう。

退職　突然、退職するのはマナー違反。決意したら、退職を希望する日の1〜3カ月前に上司に相談し、決意が変わらなければ「退職願（届）」を提出します。退職理由が人間関係だとしても、余計なトラブルを避けるためにも理由は言わないこと。「一身上の都合」とします。

転居　通勤手当や社会保険関係にも影響するので、引っ越しして住所が変わったら、必ず会社に届け出をします。

このほかにも、遅刻届や早退届、残業届などの届け出が必要な場合も。会社の規則に従って、決められた届け出はすぐに出すこと

70

◎どんな届け出が必要かを理解しておく

　会社は、労務管理や人事管理をする上で、社員の欠勤や休暇、結婚、住所変更、退職などの情報を把握しておかなくてはいけません。会社の就業規則によって異なりますが、欠勤するとき、自分の身辺関係に変化があったときは、まずは上司に報告をし、必要な届け出を速やかに提出するようにしましょう。

　なお、有給休暇は、上司に相談の上、早めに申請し、職場の人に迷惑がかからないように取得するのがベター。また、職場の人員確保のため、産休・育休を取得する場合は、妊娠がわかったタイミングで上司へ妊娠の報告を。いずれも周囲へ配慮し、早めの報告、届け出をすることが大切です。

有給休暇の上手なとり方

1 仕事の予定を調整してから、上司に相談

　旅行で数日間休む場合は、自分の仕事の予定を確認、調整してから上司に相談をしましょう。

有給休暇はいつとってもよいものだけど、一緒に仕事をしている人たちへの配慮が必要。繁忙期などに休むのは避けて

旅行へ行くため、9月20日から3日間休みをいただけますでしょうか

2 休暇届を提出

　会社の規則に従って「休暇届」を提出します。緊急連絡先を書く欄があれば記入します。

3 休暇中の引き継ぎをする

　休暇が近づいてきたら職場の人に有給休暇で休むことを報告し、休暇中も仕事が滞らないよう、職場の人に仕事の引き継ぎをします。

これはNG

- 直前に長期の休暇を申請する。
- 病気以外で、報告なしで急に休む。
- 休暇届を出さない。
- 休暇中の引き継ぎをしない。

4 休暇明け、出社したらお礼を

　休暇後、出社したら、上司と仕事をフォローしてくれた人にお礼を述べます。旅行の場合、職場へお菓子などの手土産を持っていくと好印象を持たれます。

休みをいただきまして、ありがとうございました

つながりが深まるSNSにも
ビジネスマナーあり！！

　コミュニケーションツールとして、世界中の人が日常的にSNSを利用しています。ビジネスシーンにおいても、部署ごとにSNSを通じて連絡を取り合ったり、意見交換を行ったり、情報を共有したりしているところが増えています。取引先とのコミュニケーション手段としてもSNSを利用する会社も多くなっており、今後ますますビジネスに普及していくものと考えられます。

　そこで、必要とされるのがSNSのマナーです。プライベートで交流を図るだけなら、それほど気にする必要はありませんが、ビジネスでの活用であれば話は別です。ビジネスマナーを考えずに使うと、ビジネスに役立つどころか、自分自身はもちろん、会社の信用や信頼を失うことにもなりかねません。

　気の合う仲間に仕事の自慢や愚痴を話したくなることもありますが、その内容にクライアントに関する機密情報が紛れ込んでいる可能性もあります。これだけSNSが普及し、個人の特定も安易にできる時代だからこそ、発言や書き込みには十分注意する必要があります。だからこそ、SNSは「プライベートとビジネスの使い分け」を基本にすることが大切です。プライベート用とビジネス用のアカウントをつくり、上手に使い分けるのも、ひとつの方法です。

　また、SNSを使うときは「著作権・肖像権」にも気をつけましょう。勝手に好きな本から文章を引用したり、有名人の写真を掲載したりするのはNG。作家や出版社、有名人から訴えられる可能性があります。著作の引用や有名人や写真家の写真掲載は避けたほうが賢明です。

こんなことにも気をつけて

●ビジネスでSNSを使うときの言葉づかいは尊敬語、丁寧語を基本にする

　短文でのやりとりでも、できるだけ丁寧な言い方を心がけましょう。

●上司や先輩、仕事関係者には、基本スタンプを送らない

　上司や仕事関係者がスタンプを使っている場合は使っても。ただし、例えば「お辞儀」の単独スタンプだと軽く見られた印象になりますが、「承知しました」と丁寧な文の後に「お辞儀」スタンプを送ると親しみがある印象になります。スタンプを使うときも、心づかいを忘れずに。

PART 4

重要な武器になる！
あいさつと敬語

BUSINESS
MANNER

あいさつとマナー

- ☑ きちんとしたあいさつは、
  相手の信頼を得る第一歩に。
- ☑ あいさつは人間関係をスムーズにする潤滑油で、
  仕事もしやすくなる。

あいさつの基本

❶自分から先に
あいさつをする。
目下からあいさつする
のがマナー。

❷相手の目を見て
笑顔であいさつをする
気持ちをきちんと伝えるサイン。

❸丁寧な言葉づかいで
あいさつをする
相手を敬う気持ちを表す。

おはよう
ございます

あいさつは、相手に聞こえ
なければ意味がない。小さ
な声ではなく、元気よくあい
さつを！

自分からあいさつしない
相手から「おはよう」と声を
かけられてからあいさつをす
るのは、積極性が感じられま
せん。

「ながら」あいさつをする
作業しながら、歩きながらの
あいさつは、相手を不愉快
にさせることも。作業や歩み
を一旦ストップさせ、あいさ
つをしましょう。

友人にするようなあいさつ
「おはよう」「お疲れ」など、
友人同士でかわすあいさつは、
ビジネスシーンではふさわしく
ありません。

◎あいさつはコミュニケーションの第一歩

　あいさつは、相手への礼儀であり、人間関係や仕事を円滑にさせる潤滑油。相手の信頼を得るためにも、きちんとしたあいさつを心がけましょう。

　また、あいさつは心を込めて相手に伝わるように表現することが大切です。新人は、全ての人に自分からあいさつをしましょう。日々のあいさつの積み重ねが、あなたをよくも悪くも印象づけていきます。表情が暗い、声が小さい、語尾を伸ばすなどのあいさつは、ネガティブな印象を与えます。「あいさつができる礼儀正しい人」「一緒に仕事をしやすい人」という印象を持ってもらうためにも、明るい表情、相手に伝わる声のトーンのあいさつを心がけましょう。

職場でのあいさつ例

出社したとき

おはようございます

外出するとき

行って参ります

外出から戻ってきたとき

ただいま戻りました

帰社した人を迎えるとき

お帰りなさい

退社するとき

お先に失礼します

退社する人を見送るとき

お疲れ様でした

★「ご苦労様」は目上の人が目下の人をねぎらう言葉。上司や先輩に使うのはNG。

[あいさつもTPOを大切に]

　あいさつをされてイヤな人はいません。笑顔であいさつをしましょう。ただし、相手が仕事中で手が離せないときや電話中のとき、外出先で見かけたとき、他の人と話しているときは声をかけず、目が合ったら軽く会釈をするようにします。

2

リモートでのあいさつ

知っ得ポイント

☑ 笑顔ではっきりとあいさつをすることで、
好印象を持たれる。

☑ カメラを見てあいさつをすると、
相手は目が合っていると感じる。

リモートで話すとき

準備
- カメラ位置を調整して、映る角度をよくしておく。
- 背景は、できるだけすっきりさせる。
- 照明を明るくして、表情がわかるようにする。
- 服装、ヘアスタイルを整える。

話すとき
- カメラを見て話す。
- 画面に自分が映り、先に入室している人がいたら自分からあいさつをする。
- 相手が聞き取りやすいよう、ゆっくり、はっきりと話す。
- できるだけ口角を上げてあいさつをし、にこやかな表情をつくる。
- 相づちは声を出さずに、大きくうなずいて相手にリアクションがわかるようにする。

思い切って明るくあいさつすると、自分の緊張もほぐれるよ

◎リモートでも積極的なあいさつを

　あいさつは、ビジネスマナーの基本。リモートであっても、それは変わりません。基本的には入室して画面に映ったら、自分から「おはようございます」「鈴木です。今日はよろしくお願いいたします」などと、あいさつをします。後から入室してきた人に対しても、「○○様（さん）おはようございます」とあいさつをするとよいでしょう。

　黙ったままだと、「感じの悪い人」だと思われたり、誤解されたりしかねません。画面ごしでも相手によい印象を与えられるよう、口角を上げた明るい表情、はっきりとした話し方を意識的に心がけ、よい人間関係を築きましょう。

リモートでのあいさつ例

社内ミーティングや朝の確認

「おはようございます」
「お疲れ様です」
＋
「今日もよろしくお願いいたします」
「よろしくお願いいたします」

社外の人も参加するミーティング

○初対面の人の場合

「はじめまして。△△社の鈴木と申します。本日はどうぞよろしくお願いいたします」

リモートのあいさつも「相手を不快にさせないこと」が重要だよ

○面識のある人の場合

「おはようございます」
「お世話になっております」
「先日はありがとうございました」
＋
「本日はよろしくお願いいたします」
「どうぞよろしくお願いいたします」

退出するとき

「本日はありがとうございました」
「ありがとうございました」
＋
「それでは失礼いたします」
「失礼いたします」

ビジネスで敬語が必要な理由

知っ**得**ポイント

☑ 敬語を使うと好印象を持たれるので、
　人間関係がスムーズになる。

☑ 適切に使えば、仕事がデキる人と評価される。

言葉づかいひとつで人間関係がスムーズに

〇〇社の田中様ですね。
ただいま担当の加藤が参りますので、
少々お待ちください

敬語によって、セ
ルフイメージがグン
とアップするんだね

→ 相手を敬う
気持ちが伝わる

自分は大切に
されていると感じる ▶ 人間関係が
スムーズに ▶ 仕事が
円滑に進む

◎敬語は相手の信頼を得るカギ

　ビジネスで敬語が必要な理由は、相手に敬意を表す言葉を使うことで、年齢や立場の違う人とスムーズにコミュニケーションをとることができるからです。とはいっても、敬語は使い方が肝心。適切に使えば「良識ある人」と好印象を持たれますが、間違った使い方をすれば相手を不快にさせ、その後のコミュニケーションや仕事にも支障が生じかねません。

　ビジネスにおいて、敬語は相手の信頼の扉を開くカギであり、また自身の評価を上げる武器にもなるもの。まずは上司や先輩の敬語のフレーズを真似ながら、適切な敬語を身につけていきましょう。

相手（上司、先輩、取引先の人、お客様）

自分・相手

自分

尊敬語

相手を立てるとき
文体：「お〜になる」「ご〜になる」
　　　「れる」「られる」
例：話す⇒お話しになる
　　来る⇒お見えになる
　　見る⇒ご覧になる

丁寧語

**改まった表現で
立場に関係なく使う**
文体：「〜です」「〜ます」

謙譲語

自分がへりくだるとき
文体：「お〜する」「ご〜する」
例：案内⇒ご案内する
　　行く⇒お伺いする

敬語には、
5つの種類が
あるんだよ

敬語の種類		特徴	例
尊敬語		目上の相手に対して敬意を示す	「いらっしゃる」「おっしゃる」
謙譲語	謙譲語Ⅰ	自分がへりくだることで相手を高める	「伺う」「申し上げる」
	謙譲語Ⅱ（丁重語）	自分の行為をへりくだって表現し、丁重に伝える	「参ります」「申し上げます」
丁寧語		語尾に「です」「ます」をつけ、丁寧にする	「伝えます」
美化語		名詞に「お」や「ご」をつけ、美しくする	「お電話」「ごあいさつ」

4

尊敬語と謙譲語の使い方

☑ 相手が主語なら尊敬語、
自分が主語なら謙譲語を使う。

☑ 尊敬語と謙譲語の使い方を間違えると逆効果。
かえって失礼にあたる。

尊敬語と謙譲語は主語で使い分ける

尊敬語

主語
- 相手
- 第三者

目上の人（上司、先輩、取引先、お客様）に対して使います。

謙譲語

主語
- 自分
- 自分側の者
- 身内の者

自分のこと、社外の人に社内の人のことを話すとき、自分の家族など身内の者について使います。

〇〇社の田中様が
いらっしゃいました

打ち合わせには
わたくしが参ります

主語によって
言い換えます！

尊敬語 ⇒「いらっしゃる」◀ **来る** ▶ 謙譲語 ⇒「参る」

◎敬うべき相手には尊敬語を使う

　尊敬語と謙譲語の使い方は、慣れるまで難しいかもしれませんが、尊敬語は相手側のこと、謙譲語は自分側のことについて話す言葉です。「主語が誰か」「誰に対して話す言葉か」を考えると、理解しやすいでしょう。

　例えば、「言う」という言葉、主語が取引先の人なら尊敬語で「おっしゃる」「言われる」「話される」となりますが、主語が自分なら「申す」「申し上げる」という謙譲語になります。使い方を間違えてしまうと、相手に不快な思いをさせてしまうばかりか、「敬語もできないのか」と不信感を持たれてしまいます。上司や先輩の話し方を参考にしながら、あせらず敬語を習得していきましょう。

シーン別の使い方

上司に相談をするとき

✕ 企画書ができたので、見てもらえますか？

◯ 企画書ができましたので、ご覧いただけますか？

→「見る」を「ご覧になる」という上司への尊敬語に置き換え、さらに「もらえる」→「いただける」と自分への謙譲語を加えて丁寧にした表現。

来客を迎えたとき

✕ こちらに座って待っていてください

◯ こちらにおかけになって、お待ちください

→「おかけになる」は「座る」、「お待ちになる」は「待つ」の尊敬語です。

✕ 本来ならこちらが行くべきなんですが、来てもらってありがとうございます

◯ 本来ならこちらからお伺いすべきところを、お越しいただきありがとうございます

→自分が主語の「行く」は「お伺いする」という謙譲語に、相手が主語の「来る」は「お越しになる」＋「いただく」という尊敬語＋謙譲語に言い換えた丁寧な表現です。

よく使う言い回しばかりだから、丸ごと覚えてしまおう。自然に出てくるようになれば、徐々に応用もできるようになるよ

ウチとソトの使い分け

☑ 「社内＝ウチ」「社外＝ソト」と考え、
敬語を使い分ける。

☑ 社内の人と話すときも、誰が主語になるかで
尊敬語と謙譲語を使い分ける。

ソトの人

➡取引先の人

ウチの人

➡上司、先輩、
同僚、自分

社外の人（取引先やお客様）と話すとき

✕ 加藤部長は、2時に戻る
とおっしゃっていました

➡名前＋役職名だと役職が敬称になるので、
社外の人に対しては「加藤」「部長の加藤」と
名字を呼び捨てにする。
➡「おっしゃる」は「言う」の尊敬語になる。

〇 （部長の）加藤は、2時に
戻ると申しておりました

➡「言う」の謙譲語の「申す」を使う。

社内の人は自分の身内と
思えば、ウチとソトのスイッ
チの切り換えも簡単だよ

◎相手や立場に応じて敬語を使い分ける

　敬語は、立てるべき相手によって「尊敬語」と「謙譲語」の使い方が変わります。それなら上司や先輩、取引先やお客様には尊敬語、自分に対して謙譲語を話せばよいと思うかもしれませんが、そう単純ではありません。なぜなら、ビジネスシーンによって立てるべき相手が変わるからです。

　上司と話すときは、上司に尊敬語を使うのが基本。しかし、社外の人がいる場面なら社外の人に尊敬語を、社内の人に対しては、たとえ上司や先輩であっても謙譲語を使います。社外の人と話すときは、「自分側（社内）＝ウチ」、「相手側（社外）＝ソト」と考え、上手に使い分けるとよいでしょう。

立場による呼称の違い

	ソト・相手側	ウチ・自分側
本人	○○さま、そちら様	わたくし、こちら
同行者	お連れ様、ご同行の方	同行の者、連れの者
会社	御社、貴社	弊社、当社、わたくしども
役職	社長の○○様、○○社長	わたくしどもの社長、社長の○○
両親	ご両親	両親
家族	ご家族、ご家族の皆様	家の者、わたくしども
父、母、子ども	お父様、お母様、お子様、ご子息（ご息女）	父、母、子ども

立場によって上司の呼び方も変わる

社内
「加藤さん」
「加藤部長」

社外の人に対して
「加藤」
「部長の加藤」

社内での呼び方

　上司であっても役職がない人や、先輩、同僚に対しては「○○さん」と呼びます。同僚であっても、「○○君」「○○ちゃん」やニックネームで呼ぶのは職場では不適切です。

6

仕事でよく使う敬語・言葉

知っ得ポイント

☑ 一般的な言い方を「尊敬語」「謙譲語」に
するとき、全く違う言葉になるものがある。

☑ 普段づかいの言葉も、ビジネス用に変換される。

よく使う敬語一覧

一般的な言い方	尊敬語	謙譲語
いる	いらっしゃる	おる
する	なさる、される	いたす、させていただく
言う	おっしゃる、言われる	申す、申し上げる
見る	ご覧になる、見られる	拝見する
聞く	お聞きになる、聞かれる	拝聴する、伺う、お聞きする
行く	いらっしゃる、おいでになる	参る、伺う
来る	おいでになる、お越しになる、お見えになる	参る、伺う
帰る	お帰りになる、帰られる	失礼する、おいとまする
会う	お会いになる、会われる	お目にかかる、お会いする
知る	ご存じ	存じる、存じ上げる
訪ねる	いらっしゃる、お訪ねになる	伺う、おじゃまする
食べる	召し上がる	いただく
与える	くださる、お与えになる、与えられる	差し上げる
忘れる	お忘れになる	失念する
もらう	お受け取りになる、お納めになる	いただく、賜る、拝受する

◎使用頻度の高い尊敬語と謙譲語は覚えよう

　よく使う敬語とは、私たちが日常のビジネスでよく使う動詞「する」「言う」「行く」「来る」などを言い換えた尊敬語・謙譲語を指します。普段、何気なく使う言葉ですが、尊敬語と謙譲語にすると独特の表現になります。「行く」「訪ねる」「聞く」など、ビジネスシーンでの使用頻度が高い言葉の尊敬語と謙譲語は、覚えておくとよいでしょう。

　最初から完璧に敬語を話せる人はいません。新人のうちなら間違っても、まだ大目に見てもらえます。ビジネスシーンに応じた上司や先輩の話し方を参考に、適切な敬語の使い方を身につけていきましょう。

丁寧な言い換え

日常語	ビジネスで使う言葉	日常語	ビジネスで使う言葉
あの人	あちらの方、あちら様	とても	大変、誠に
誰	どなた、どちら様	そうです	さようでございます
どこ	どちら	すみません	申し訳ございません
どんな	どのような	わかりません	わかりかねます
これ、ここ	こちら	知りません	存じません
それ、そこ	そちら	できません	いたしかねます
あれ、あそこ	あちら	わかりました	かしこまりました、承知しました
さっき	先ほど	どうですか	いかがでしょうか
あとで	後ほど	よければ	よろしければ
今日	本日	間違い	不手際
きのう	昨日（さくじつ）	何でも	何なりと
おととい	一昨日（いっさくじつ）		
あした	明日（みょうにち）		
今	ただいま		
今度	後日		

上記のような丁寧なフレーズは、ビジネスシーンではよく使われるから覚えておくといいよ

85

7

間違いやすい敬語

☑ 敬語を重ねてしまう「二重敬語」は間違い。

☑ よくやりがちな尊敬語と謙譲語の
混同ミスに注意。

敬語を重ねるのはNG

二重敬語 1つの言葉に、敬語を重ねて使うのは間違い。
しつこい印象になります。敬語はシンプルに使うのが一番です。

✕ イベントの最後に
お話しになられますか？

→「お〜になる」の尊敬語に、尊敬の助動詞の
「〜られる」をつけた二重敬語。

〇 イベントの最後に
お話しになりますか？

「お〜になる」と「〜られる」
を多用すると二重敬語に
なりやすいので気をつけて！

✕ ご拝借させていただいても
よろしいでしょうか

→「拝借」は、すでに「借りる」の謙譲語になっ
ています。さらに謙譲語の「ご」を加えた二重
敬語。

〇 拝借しても
よろしいでしょうか

丁寧にしようとするあまりに
犯してしまうミスだね

◎自覚なく使う二重敬語に注意

　自覚なしに間違った敬語を使い続けると、周囲から社会人の自覚がないと信用を失うことにもなりかねません。そうならないためにも、間違いやすい敬語を知っておきましょう。

　なかでも気をつけたいのが、丁寧に話そうとするあまり、敬語を重ねてしまう「二重敬語」。尊敬語と謙譲語の混同もよく見られる間違いです。また、目上の人が目下の人に使う言葉を、目上の人に対して使ったりすると「上から目線」の言葉になってしまうので要注意。ビジネスにおいて言葉づかいは重要。スマートで正しい敬語の使い方を身につけましょう。

尊敬語と謙譲語が混同

✕ どちらに参られますか　　　　　　　**◯** どちらにいらっしゃいますか

→「参る」は「行く」の謙譲語。尊敬の助動詞の「〜られる」を使っても尊敬語にはなりません。

尊敬語と謙譲語の使い方が逆

✕ 営業部で伺ってください　　　　　　**◯** 営業部でお聞きください

→主語は相手なので尊敬語を使いますが、「聞く」の謙譲語の「伺う」を使っており、相手に失礼。尊敬語の「お〜くださる」にします。

「〜させていただく」の多用

✕ ご提案させていただく資料を
今から配布させていただきます

◯ ご提案させていただく資料を
ただいまから配布いたします

→「〜させていただく」は便利な謙譲語ですが、本来は相手の許可を得て行う行為に使われます。また、繰り返し使うと違和感を与えます。シンプルに「いたします」「します」でOK。

敬語は長いほうが丁寧に聞こえるような気がするけど、同じ言葉の繰り返しは回りくどくなるよ。シンプルかつ丁寧がベスト!

目上の人に使うと失礼な言葉

✕ ご苦労様でした   **◯** お疲れ様でした

➡「ご苦労様」は目下の人をねぎらうときに使う言葉なので、上司や先輩には失礼に当たります。

✕ 了解です   **◯** かしこまりました

➡「了解」は親しい間柄で使う言葉。目上の人には、「かしこまりました」または「承知しました」を使います。

気をつけたい敬語

✕ ご入場できません   **◯** ご入場になれません

➡「できません」に「ご」をつけても尊敬語にはなりません。「〜になれません」が正解。

✕ おビールはいかがですか   **◯** ビールはいかがですか

➡外来語、動植物、自然現象に敬語は使いません。

ビジネスで使ってはいけない言葉

✕ とりあえず、ここに企画書を用意しています   **◯** 取り急ぎ、こちらに企画書を用意しております

➡「とりあえず」という表現は、「あいまい」なイメージを持たれやすいのでNG。この場合は、「取り急ぎ」という表現がよいでしょう。ただし、お礼を伝えるときは、「取り急ぎ」は失礼だと思われるので使わないこと。

✕ おひまでしたら、来週の展示会にお越しください   **◯** ご都合がよろしければ、来週の展示会にお越しください

➡ビジネスで相手が「ひま」だと仮定することは、非常に失礼なこと。「ご都合がよろしければ」「お時間がございましたら」などに言い換えましょう。

アルバイト敬語

✕ こちらお茶になります　　　　　◯ お茶でございます

➡「〜になります」は飲食店などでマニュアル化され、広がってしまった間違った表現。「〜になる」は「あるものが別のものに変わる」という意味なので、変化しないものには使いません。

✕ ご指摘のほうは以上でしょうか？　　　　　◯ ご指摘は以上でしょうか？

➡「〜のほう」は方角や場所を示す表現のため、どんな名詞にも使えるわけではありません。「〜のほう」をつけても敬語にはならないので注意。

✕ コピー5部でよろしかったでしょうか？　　　　　◯ コピー5部でよろしいでしょうか？

➡「よろしかった」は過去形のため、現在進行中の事柄には合いません。シンプルに「よろしいでしょうか？」が適切です。

✕ 使ってはいけない若者言葉

「っていうか、〇〇かも」　　　「〇〇的にはオーケーです」

「これって〇〇じゃないですか」　　　「マジで？」「マジっすか？」

「超」「オニ」「神」「スゲー」

「ヤバイ」　「キモイ」　「ムズイ」

「てか」　「よろ」　「りょ」

若者の間では使用頻度の高い言葉でも、ビジネスシーンでは使えない言葉は多い。「昔からある言葉だから大丈夫」と勘違いしないこと

言いづらいことを言うとき

- ☑ ストレートな表現を避け、相手を不快にさせない。
- ☑ 相手に配慮した言い方を心がける。

ストレートな言い方は避けて適切に伝える

それは無理なので、できません

その言い方は何だ！
もう仕事は頼まないぞ

ストレートな言い方は、相手の反感をかう場合があります。また、ぶっきらぼうな言い方にも聞こえます。

相手を不快にさせない「大人の言い方」をすることが大切だよ

大変申し訳ございませんが、スケジュールに余裕がないためこのたびは辞退いたします

残念だが仕方がない。
今回はあきらめよう

大人の言い方の変換法

- 用件の前に「大変申し訳ございませんが」というクッション言葉をつける。
- 「できない」を「辞退」という言葉に言い換える。

「断る」にしても、言い方によって相手を納得させることができます。

◎クッション言葉を使ってソフトな物言いに

　ビジネスでは、依頼や拒否、催促、謝罪など、言いづらいことを相手に伝えなくてはいけないシーンが少なくありません。しかし、それをストレートに伝えると、相手を不快にさせるばかりか、誤解や摩擦が生じる原因にもなります。

　そのため、ビジネスで多用されているのが「クッション言葉」です。用件の前や前後に添えることで、ストレートな表現をソフトにします。フレーズを覚えれば、それほど難しくありません。同じ内容でも言い方によって印象は変わるもの。人間関係や仕事をスムーズにするためにも、言いづらいことはクッション言葉を添え、相手への配慮や気づかいを示しましょう。

クッション言葉の使い方

用件の前につけるクッション言葉

依頼・質問をするとき

- 申し訳ございませんが〜
- 恐れ入りますが〜
- お手数ですが〜
- ご面倒をおかけしますが〜

注意や警告をするとき

- 大変申し訳ございませんが〜
- 恐れ入りますが〜
- 大変恐縮ですが〜

断るとき

- 大変申し訳ございませんが〜
- せっかくですが〜
- 大変申し上げにくいのですが〜
- 大変ありがたいお話では
  ありますが〜

用件の後につけるクッション言葉

- お願いできませんでしょうか？
- 〜していただけますでしょうか？
- 〜してもよろしいでしょうか？

- ご遠慮願えませんでしょうか？
- ご容赦ください。

- このたびは遠慮させていただきます。
- このたびはご容赦ください。

★クッション言葉は前につけるのが基本ですが、前後セットにすると、より丁寧な印象になります。

シーン別 大人の言い方

スマートな表現をするには

1 クッション言葉を添える　　**2** ソフトな言い方に換える

3 やわらかい表情を心がける　**4** 落ち着いた声のトーンで話す

✕ 時間をください

ぶっきらぼうで、自分の
都合のみを押しつけて
いる印象です。

相手を思いやる言葉にね

◯ お忙しいところ恐れ入りますが、少々お時間をいただけませんでしょうか

相手が忙しい場合や、わず
らわしいことをお願いすると
きは、「お忙しいところ恐れ
入りますが」「恐縮ですが」
などのクッション言葉を入
れます。また、目上の人に
お願いする場合は、相手に
たずねる形にすると、ソフト
な印象になります。

◎言い方、表情、声のトーンもソフトに

　ビジネスには、シーンごとにふさわしい「大人の言い方」というものがあります。それは、クッション言葉、相手を立てる言葉や一歩下がった表現、角の立たない決まり文句を使った言い方です。

　仕事や人間関係は、言葉の使い方によって大きく左右されます。ストレートな物言いや、自分の都合ばかりを押しつける言い方は、不躾な表現になってしまうので要注意。また、「大人の言い方」をしても、無表情や不服そうな表情をしたり、感情的に声を荒げたりすると相手に真意が伝わりません。やわらかい表情や声のトーンを心がけて話すことも大切です。

お願いするとき　　クッション言葉に加え、最後を質問形にする

✕　急ぎでデータ作成してください

◯　急で申し訳ございませんが、データ作成をお願いできますでしょうか

✕　もう一度、説明してください

◯　恐れ入りますが、△△について、もう少し詳しくお聞かせいただけますか

問いかけるとき　　尊敬語と謙譲語を正しく使い、上から目線にならないように

✕　どういった用件ですか

◯　ご用件をお伺いできますでしょうか

✕　今の説明でおわかりになりましたか

◯　ただいまの説明で、ご不明な点はございませんでしょうか

断るとき　　角の立たないフレーズや肯定的な言い方に換える

❌　それはできません

⭕　申し訳ございませんが、
お受け致しかねます

➡「できません」（否定）を「致しかねます」（肯定的な言い方）に換えることでやわらかい印象になります。

★なお、断るのに「検討します」という言い方は、相手に期待を持たせます。依頼などに応じられないときは、はっきり「断る」意思表示をすることが大切です。

❌　その日は行けません

⭕　お誘いいただき、ありがとうございます。あいにくその日は予定があり、お伺いすることができません

➡明確な理由は避け、誘いのお礼を述べた後に断りを入れます。「次の機会を楽しみにしております」と、次回につなげる言葉を添えるのがベター。

謝罪をするとき　　ビジネスにふさわしい決まり文句を適切な敬語で

❌　本当にすみませんでした

⭕　大変申し訳ございませんでした

➡「すみません」「ごめんなさい」はビジネスに不適当です。

❌　不手際があったようで
申し訳ありません

⭕　このたびは私どもの
不手際でご迷惑をおかけし、
申し訳ございません

➡謝罪のときは、より丁寧な言い方に。この後、「今後はこのようなことがないよう、十分に気をつけて参ります」と、今後の対策も併せて説明するのがベター。

否定するとき　　ストレートな表現は避ける

❌　聞いていません

⭕　私の思い違いなら申し訳ございません。伺っていないと思うのですが

➡クッション言葉を使って、ストレートな言い方を避けます。

94

反論するとき　クッション言葉をつけるか、質問形にする

 それはそうかも
しれませんが……

 おっしゃることは
よくわかるのですが……

➡ まずは相手を立てた上で自分の見解を述べます。冒頭に「貴重なご意見をありがとうございます」など、相手の意見へのお礼を述べると、より丁寧です。

反論するときの NG な言葉
「ですから」「普通（絶対）そう考えません」「だって……」

ほめるとき　目上から目下へ使う言葉を使わない

 感心しました

 とても勉強になりました

➡ 「感心しました」は、目上から目下へ使う言葉なので、新人が目上の人に使うと上から目線の表現に。一歩下がって相手を立てる言い方にします。

目上の人に NG なほめ言葉
「さすがですね」　「お上手ですね」　「隅におけませんね」　「見直しました」
★「上から目線」になるので気をつけて。

ほめられたとき　素直にお礼を伝える

 私なんて全然ダメです

 ありがとうございます。
とても励みになります

➡ 最初にまずお礼を言うこと。謙遜しすぎると厭味になるので、素直に感謝の気持ちを伝えましょう。

「ありがとう」の後にこんな言い方も OK
「〇〇さんのアドバイス（ご指導）のおかげです」
「〇〇様（お客様の名前）におほめいただき、光栄です」
「身に余るお言葉です」

初対面の相手を 不快にさせる話題はNG

　仕事では、初対面の人と話をする機会が多くあります。その際、相手に不快な思いをさせないよう、話題には十分な配慮が必要です。相手の情報を知りたいからといって、年齢、家族、結婚や子どもの有無など、プライベートなことに立ち入った質問や話題は避けましょう。「不躾な人」だと思われます。

　会話のきっかけは、相手が気持ちよく話せる話題がベスト。「急に暑くなりましたね」といった季節のことや「最近は、○○○という飲み物が人気のようですね」「このお店、うちの会社の近くにもあります」など、話題になっていることを話すとよいでしょう。

NG

プライベートなこと

- 家族のこと
  （家族構成、家族の職業、子どもの有無）
- 住んでいる場所
- 住まいのこと（一戸建てか、借家かなど）
- 結婚や恋人の有無
- 応援しているスポーツチーム
  （応援しているチームが違うと、トラブルになりかねないので避ける）

- 学歴（出身校）
- 年齢
- 職歴
- 信仰している宗教
- 支持している政党（政治の話など）

悪口や自慢話

- 自分の会社や仕事の愚痴
- 上司や仕事関係者の悪口
- 自分や家族、友人の自慢話
- 仕事関係の会社や人物のうわさ話

✕

ご結婚されているのですか？

新卒で現在の会社に入ったのですか？

PART 5

フレーズを覚えればOK!
電話応対

BUSINESS
MANNER

電話応対は重要な仕事

1

知っ得ポイント

- ☑ 会社の第一印象は、電話応対で決まるので、感じのよい応対を心がける。
- ☑ 電話応対は、会社の信用や利益に直結する仕事だから、マナーを大切に。

電話応対の基本

⇨ 迅速

電話は鳴ったらすぐにとります。相手は3コール以上待たされると不安に感じ、電話を切ってしまいがち。それが仕事の依頼なら、会社にとって大きな損失になります。

⇨ 丁寧

相手が聞き取りやすいよう、明るい声でハキハキと、ゆっくり話します。また、適切な敬語を使った丁寧な言葉づかいをし、相手に不快な思いをさせないようにします。

⇨ 正確

情報は正確に受け取って伝えます。間違った情報の伝達はトラブルのもと。電話応対をするときは、必ずペンを持ってメモし、復唱して間違いをなくしましょう。

⇨ 簡潔

ダラダラとまとまりのない話をするのは、相手の時間を無駄に奪うことになります。電話1件に対して3分を目安に、簡潔にわかりやすく話すようにします。

明るく丁寧な応対で、好感が持てる

◎顔が見えないからこそ、明るく丁寧に

会社の電話には、緊急の用件、問い合わせや仕事の依頼など、重要な連絡が多く、それらは会社の信用や利益につながるもの。こうした電話に応対する仕事は、会社の一翼を担う重要な仕事です。電話応対を軽くみてはいけません。

あなたの電話での応対が、会社全体のイメージとして受け取られます。自分は会社の代表という意識を持って電話応対をしましょう。顔が見えないからこそ、丁寧で感じのよい応対が大切です。好印象を持ってもらうことが、信頼への第一歩。固定電話に慣れていない人も、電話応対の経験を重ねれば、自然と苦手意識がなくなり、適切な対応ができるようになるでしょう。

電話をすぐにとるメリット

1 仕事を得る
仕事の依頼なら、ビジネスチャンスや利益につながります。

2 仕事をスムーズに進める
必要な連絡をすぐに伝えることで仕事が円滑に進みます。

3 信頼を得る
すぐに対応することで、相手に安心感や信頼感を与えます。

基本は1〜2コールでとる

[電話が鳴った途端に出るのはNG]

いくら電話はすぐとるほうがよいといっても、1コールもしないうちに電話に出ると、相手はびっくりします。相手にも電話で話す心の準備が必要です。相手を待たせないように、早くとったことが逆効果になることも。相手に配慮し、1コールは待ってとるようにしましょう。

好感が持てる電話の話し方

☑ 電話応対は姿勢を正して笑顔で話すと、
　ハキハキした声が出て好感を持たれやすい。

☑ 相手が聞き取りやすい声のトーン、
　スピードを心がける。

電話での話し方のポイント

背すじを伸ばし、口を大きく開ける

前屈みではなく、胸が開いた姿勢だと、声が出やすくなります。また、ハキハキした話し方は大きく口を開けるのがポイントです。

普段よりゆっくり話す

相手が聞き取りやすいよう、いつも話すスピードより、「少しゆっくり」を意識して話しましょう。早口だと、相手が聞き取りにくくなります。

◎相手を気づかう声の大きさ、速さ、言葉づかいを

電話は、声だけのやりとり。だからこそ、話し方が重要です。

相手から好感を持ってもらえる電話での話し方のポイントは、「声のトーン」「話すスピード」「言葉づかい」の3つ。

それには、まず電話応対のときの姿勢から気をつけましょう。頬づえをつきながら、またはだらしない姿勢や作業をしながら話すのは禁物。相手に見えなくても、姿勢や態度は言葉づかいや声のトーンに表れて相手に伝わるものです。また、適切な敬語を使ったり、相手が電話できる状態かを確認したり、相手を気づかう言葉づかいをしたりすることは、好印象を持たれます。

少し高めのトーンで

低い声より高い声のほうが聞き取りやすいので、電話で話すときは少し高めのトーンの声を心がけましょう。明るい印象にもなります。

相手を気づかう言葉づかいをする

適切な敬語で話すのはもちろん、スマホにかける場合は「今、お話ししてもよろしいでしょうか」と相手の都合を確認、相手を気づかう言葉をかけます。

甲高く大きな声は、電話の相手もびっくりするし、自分の周りで仕事をしている人にも迷惑だから気をつけてね

[電話で話している人がいたら静かに]

電話の性能は高いため、社内の雑音が相手に伝わります。電話中の人の近くでは、静かにしましょう。大きな声で仕事の話をしたり、おしゃべりしたり、笑ったりするのは慎んで。電話を取り次ぐ際は、「少々お待ちください」と言った後、すぐに「保留ボタン」を押して、周囲の声や音が相手に伝わらないようにします。

3

電話を受けるときの基本

電話を受けるときのポイント

2コール以内に電話をとる

電話をとるタイミングは、早すぎても遅すぎてもいけません。相手にも電話で話す準備が必要なので鳴った途端に出るのは禁物。1〜2コール待ってとるようにしましょう。

メモとペンを準備する

電話が鳴ったら、メモとペンを準備し、利き手の反対で受話器を持ち、利き手でペンを持って相手の名前や用件を書きます。電話で受けた情報を正確に伝えるためにも「メモをとる」ことを忘れずに。

電話の機能や使い方を把握しておく

会社の電話には、内線や転送機能などがあります。スムーズに電話を取り次ぐためにも、あらかじめ電話の基本的な機能と、使い方を先輩や上司に聞いて理解しておきましょう。

頭で覚えたつもりでも、忘れることもあるので、相手の会社名と名前、用件は必ずメモする癖をつけよう

◎ひと呼吸おいて、電話モードにスイッチオン

　会社の電話は、予告なしに鳴ります。また、基本的には誰からかかってくるかわかりません。「早くとらなきゃ」「失敗したらどうしよう」とあせると、ドキドキして、言葉がすぐに出なかったり、早口になったりしがち。

　会社の第一印象をよくするためにも、電話が鳴ったら、まずはひと呼吸おいて、「電話モード」に気持ちを切り換えましょう。なお、電話をとる前に、相手の名前や用件を書き留めるメモとペンの準備も忘れずに。

　電話を受けてからの流れや、基本のフレーズを身につければ、どんな人からの電話にもスムーズに応対することができます。

電話をとって取り次ぐまでの流れ

1 　電話が鳴ったら、
　　明るい声で社名を名乗る

　　はい、〇〇商事でございます

　　P104参照

2 　相手の社名と
　　名前を復唱する

　　A社の北川様で
　　いらっしゃいますね

　　P104参照

3 　名指し人に取り次ぐ

　　はい、企画部の
　　新井でございますね。
　　少々お待ちください

新井さんにA社の北川様より
3番にお電話が入っています。
よろしくお願いいたします

P105参照

★名指し人が不在の場合
　P106〜108参照

電話を受けてからの流れ

基本的なフレーズを覚えれば、電話応対もこわくありません。

1 電話をとったら名乗る

明るい声で「はい」と言い、一拍おいた後、はっきりと社名を名乗ります。

> はい、○○商事で
> ございます

● 午前10時頃までの電話の場合

おはようございます。
○○社でございます

● 2コール以内に出られなかったとき

お待たせいたしました。
○○社でございます

● 5コール以上お待たせしたとき

大変お待たせいたしました。
○○社でございます

2 相手が名乗ったら名前を復唱し、あいさつをする

相手の社名、名前をメモして、復唱した後、はじめての相手にも使える
儀礼的なあいさつをします。

> A社の北川様でいらっしゃいますね。
> いつもお世話になっております

● 相手が名乗らないとき

恐れ入りますが、
お名前を教えていただけますか

➡「どなた様ですか」や「誰ですか」といっ
た言い方は失礼です。

● 復唱した相手の会社名や名前を
修正されたとき

大変失礼いたしました。
A社の北川様でいらっしゃいますね

● 相手が名前しか名乗らない場合

恐れ入りますが、御社名を
お伺いしてもよろしいでしょうか

➡ フリーランスで会社に属さずに仕事をして
いる人もいます。全ての人に会社名があると
は限りません。

● 相手の声が聞こえないとき

大変申し訳ございません。
お電話が遠いようです。
恐れ入りますが、もう一度、
お名前をお伺いしてもよろしいでしょうか

③ 名指し人に取り次ぐ

名指し人の名前を復唱した後、保留ボタンを押します。

はい、企画部の新井でございますね。
少々お待ちください

➡ 社外の人との電話では、社内の人は敬称なしの
呼び捨てにします。

○ 同じ部署に同姓の人がいるとき

恐れ入りますが、
企画部に新井は2名おります。
新井大輝、新井悠人のどちらに
おつなぎいたしましょうか

保留ボタンを押さない
と、その間の社内の話し
声が相手に伝わってしま
う。機密情報が漏れる
のを防ぐためにも、必ず
保留ボタンを押して!

直接本人に口頭で伝えるか、内線で連絡をします。

新井さんにA社の北川様より
お電話が入っています。
よろしくお願いいたします

○ 着信ボタンが複数ある場合

新井さんにA社の北川様より3番にお電話が入っています。
よろしくお願いいたします

○ 内線電話で取り次ぐとき

新井さんですか。A社の北川様より3番にお電話が
入っています。よろしくお願いいたします

➡ 内線で名指し人以外
が出た場合は「新井さん
はいつお戻りかわかりま
すか」と予定を聞きます。

○ 名指し人が電話中のとき

申し訳ございません。
あいにく新井は他の電話に出ております。
電話が終わり次第、ご連絡いたしましょうか

内線に出たのが必ずしも
名指し人とは限らないの
で、本人かどうか確認を

➡ 名指し人が不在の場合（P106へ）

④ 名指し人が不在のとき

1 不在であることを詫び、**2** 名指し人の状況（離席、外出、休み、在宅勤務など）を伝え、**3** 何時（または何日）に戻るかを伝えます。そして、**4** 緊急の用件かどうかを確認し、**5** 代案（折り返す、用件を聞く、伝言を預かるなど）を提案します。

○ 名指し人が離席中

> 申し訳ございません。
> 新井はただいま席を外しております

○ 名指し人が外出中

> 申し訳ございません。
> あいにく新井は外出しております。
> 14時には戻る予定です

○ 名指し人がお休み

> 申し訳ございません。
> 新井は本日休みをとっております

○ 名指し人が在宅勤務

> 申し訳ございません。
> 新井は本日、在宅勤務です

○ 名指し人が出張中

> 申し訳ございません。
> 新井は10日まで出張に出ております。
> 12日の月曜日には出社する予定です

➡ 出張先の地名や目的を伝えることは不要。日帰り出張の場合は、「本日は出張で、終日不在にしております」。

○ 名指し人が遅刻しているとき

> 申し訳ございません。
> あいにく新井は本日立ち寄りがございまして11時には出社する予定でございます

「遅刻しているので」と言うのは禁物。「外出」または「立ち寄り」と説明し、確実に出社する時間を伝えよう

106

緊急の用件なのかを確認する

お急ぎでしょうか

折り返しを提案

新井が戻りましたら、
お電話いたしましょうか

または

折り返しお電話いたしましょうか

○相手が折り返しの電話を希望した場合

恐れ入りますが、
念のため電話番号を教えていただけませんでしょうか

相手の連絡先は必ず
聞き、復唱すること!

用件を聞く

わたくし、企画部の小池と申します。
差し支えなければ、代わりにご用件を
お伺いいたしましょうか

伝言を預かる

わたくし、企画部の小池と申します。
よろしければ、伝言を承りますが…

メモをとり、用件・伝言内容を復唱する

○用件を聞いたとき

特に急ぎではないのですが、
来月の打ち合わせの件で連絡しました。
私もこれから出てしまうので、14時にかけ直します

> かしこまりました。
> 来月の打ち合わせの件で、
> 改めて14時にご連絡をいただける
> ということですね

➡ メモをとって、「伝言メモ」にして名指し人に伝えます（P109参照）。

○伝言を預かったとき

では、伝言をお願いします。
18日のオリエンテーションの時間が
10時から14時に変更になりました。
メールをお送りいたしますので、ご確認後、
お電話をいただければと思います

> はい、かしこまりました。
> 18日のオリエンテーションの時間が
> 10時から14時に変更ということですね。
> メールを確認後、北川様に
> ご連絡するよう申し伝えます

➡ メモをとって、「伝言メモ」にして名指し人に伝えます（P109参照）。

電話を終えるとき

伝言を受けた場合は、自分の名前を名乗ると、相手は伝言が確実に伝わると安心します。あいさつを終えたら、相手が電話を切るのを待って、静かに受話器をおきます。

> 北川様からのご伝言、
> 新井が戻りましたら
> 必ず申し伝えます。
> わたくし小池が承りました。
> お電話ありがとうございました

> 相手よりも先に「ガチャ」と乱暴に受話器をおくと、相手は感じが悪い応対だと思うよ。最後まで丁寧に！

伝言メモを残す

相手の社名・名前・用件・伝言・電話番号などの情報を、正確に伝えるために、メモをとった後、わかりやすいよう整理した「伝言メモ」を名指し人のデスクにおき、電話があったことを伝えます。

電話を受けているときは要点のみを書き、電話を終えたら「伝言メモ」を改めて書いて、名指し人のデスクにおきます。

1. メモのとり方（例）

6／1　11：20

・新井さん
・A社の北川さん
・18日のオリエンの時間変更
・10時→14時
・メールを送る
・確認後、ケイタイに電話がほしい
・090－×××× －××××

2. 伝言メモの書き方（例）

電話を受けた日時　　名指し人の名前　　伝言内容

　　6月1日（月）　　　　11：20

新井様
A社の北川様より、電話がありました。
18日のオリエンテーションの時間が
10時から14時に変更になりました。
北川様からのメールを確認後、折り返し、
北川様の携帯に電話してください。
北川様　090－×××× －××××

　　　　　　　　　　　　　　　小池　受

相手の社名（わかれば部署名も）、名前（カタカナでもOK）

相手の連絡先

電話を受けた者の名前

◎会社で電話の「伝言メモ」のフォーマットがある場合は、それに従います。

POINT

● 丁寧に文字を書く。
● 見やすい文字の大きさにする。
● メモは、目につきやすい場所におく、または貼る。

電話があったことだけでも、しっかり伝える

名指し人の不在を伝えた際、相手が「わかりました。じゃ、いいです」と、伝言も何も言わずに電話を切った場合でも、伝言メモに電話があったことを記して、デスクにおきます。

10月12日（月）
15：00
○○社の桜井様より
電話がありました。

電話の受け方 ケース別の対応

個人の携帯電話の番号を聞かれたとき

会社で支給されている携帯電話の番号なら問題ありませんが、
プライベートの電話番号は、本人の許可なくむやみに教えないようにします。

○ 名指し人の代わりに用件を聞く

申し訳ございません。
個人の携帯ですので、本人の了承を得る必要があります。
よろしければ、わたくしが代わりにご用件をお伺いいたします

➡ 「個人情報なので教えられません」といったストレートな言い方は避けます。

○ 名指し人へ連絡をし、相手に電話するよう伝える

それではこちらから至急、橋本に連絡をとり、
原田様にご連絡させるようにいたします

➡ 会社で個人の携帯番号を把握しているときは、名指し人の携帯電話に連絡をし、本人から相手に連絡してもらうようにします。すぐに、電話番号を教えるのは禁物。

○ 自分の携帯番号を聞かれ、教えたくないとき

恐れ入りますが、個人の携帯電話は
仕事では使用しないことにしております

➡ 教えたくない場合は、角が立たない言い方で断ります。

社員の家族からの電話を受けたとき

社員の家族には、尊敬語を使い、丁寧に対応します。

加藤部長の奥様でいらっしゃいますね。
いつもお世話になっております。
ただいま、おつなぎしますので、少々お待ちください

➡ 上司、同僚を問わず、社員の家族には、敬意を持って対応しましょう。

○ 名指し人に取り次ぐ

加藤部長、ご自宅からお電話です

➡ 奥様やお子様からの電話でもプライバシーを配慮し、「ご自宅から」や「ご家族から」という表現にします。

○ 名指し人が不在のとき

申し訳ございません。
加藤部長はただいま会議中で不在にしております

→外の人に対して、社内の者のことを言うときは、「加藤」または「部長の加藤」という言い方をしますが、家族に対しては「加藤部長」、「加藤さん」と敬称をつけて伝えます。

名指し人が不在のときは、家族から
電話があったこと（伝言を預かれば
それを書く）のメモをデスクに残して

営業の電話を受けたとき

営業の電話だからといって、失礼な対応はしないこと。できるだけ短いやりとりで、
丁寧にきっぱりと断ります。相手の営業トークに長々とつき合ったり、
上司や担当者の名前を教えたりしてはいけません。

① 先に相手に用件を質問する

恐れ入りますが、どのようなご用件でしょうか

→営業電話かどうかを判断するためにも、最初に用件を聞きます。取引先のような口調で話す相手にも有効です。

② きっぱりと断る

申し訳ございませんが、
ただいまその必要はございません。
失礼いたします

営業のご案内は、お断りするように
（上から）言われておりますので
ご了承ください。
お電話ありがとうございました

→相手に期待をさせないよう、きっぱりと断ります。「失礼いたします」「ありがとうございました」は、
会話を終える意思表示になります。

○ 一方的に営業トークを始めたら

お話し中、申し訳ございませんが、
失礼させていただきます

営業電話でも、
電話は静かに切ろう

クレーム電話の対処

4

知っ得ポイント

☑ 丁寧な言葉づかい、落ち着いた声のトーンで
相手の言い分に耳を傾ける。

☑ 誠実に対応することで、逆に人間関係が良好に
なり、会社のイメージアップにつながることも。

クレーム電話対応のポイント

不快な気持ちにさせたことへの謝罪をする

クレームの全容を聞く前に、まずは「このたびはご不快な思いをさせてしまい、申し訳ございません」と、謝罪の言葉を述べます。

相手の言い分を聞き、同意の気持ちを表す

相手の話をしっかりと聞きながら「おっしゃるとおりです」など、同意の気持ちを表す言葉を述べ、相手に寄り添います。

◎相手の感情に左右されず、冷静＆誠実に対応

クレーム電話を受けたときは、感情的にならず、まず冷静になることが大切です。どのようなクレームであっても、丁寧な言葉づかい、落ち着いた声のトーンを心がけ、相手の言い分に耳を傾ける、誠実な態度で臨みましょう。

たとえ理不尽な内容であっても、相手の言葉を途中でさえぎったり、反論したりせず、最後まで辛抱強く話を聞くこと。そして相手が落ち着いてきたら、こちらの弁明や説明、解決策の提案、または担当者から連絡する旨を伝えます。応対次第では、逆に信頼を得て会社の印象がよくなることもあります。クレーム処理のポイントと流れを理解しておけば、冷静に対応できるでしょう。

否定、反論をせず、言い分を最後まで聞く

相手の言い分に対して否定、反論すると、お互い感情的になって詳細が把握できません。相手の話はさえぎらず、最後まで聞きます。

売り言葉に買い言葉とならないよう、冷静さを保ちながら応対を

解決策を提案または担当者よりかけ直す

相手の話を聞いた上で、説明や解決策の提案をします。または、相手の連絡先を聞き、直接、担当者からかけ直すようにします。

感謝の言葉を述べる

クレームも貴重な意見として受け止め、それを今後に活かすためにも、最後にお礼の言葉と、自分の名前を伝えます。

クレーム電話を受けたら、上司に相談を。対応後も、報告を忘れずに

こんな対応はNG

- 保留にしたまま長く待たせたり、いろいろな部署へたらい回しにしたりする。
- 「でも」と言い訳をしたり、相手を責めたりする。

クレーム電話を受けたときの流れ

1 不快にさせたことに対して謝罪を述べる

まずは、不快な思いをさせてしまったことに対して謝罪します。

> このたびはご不快な思いをさせてしまい、
> 申し訳ございません

- ご迷惑をおかけして
- ご不便をおかけして

➡ 全容がわからないのに、第一声に「大変（誠に）申し訳ございません」と言ってしまうと、100％非を認めたことになります。後で不利益な要求をされる恐れがあるなど、トラブルに発展しやすいので、「不快な思いをさせた」ことだけの部分的な謝罪を言葉にします。

2 相手の話をよく聞き、詳細を確認する

相手の話を途中でさえぎったり、否定したり、言い訳をしたりせず、
言い分を受け止める言葉を入れながら、最後まで話を聞きます。

> どのような内容かお聞かせいただいても
> よろしいでしょうか

または

> 恐れ入りますが、経緯を詳しく教えて
> いただけますでしょうか

相手にしっかり伝わる相づちをする

さようでございますか　　　　なるほど

そうですか　　　　　　　　　おっしゃるとおりでございます

> 上手に相づちをし、「あなたの話をちゃんと聞いていますよ」というアピールをすると、相手は安心するよ

③ 話の内容を要約して、復唱をする

相手の話の内容をメモし、相手が話し終わった後に、確認します。

○ 不良品があった場合

いつも弊社の商品をご利用いただき、
ありがとうございます。
昨日、○○店でお求めいただいた商品が、
電源を入れても動かないということですね。
ご不便をおかけいたしまして申し訳ございません

④ 解決策を提案または担当者から折り返す

話を聞いた上で、相手が納得する解決策を提案します。または連絡先を聞き、
折り返しの電話の約束をして上司や先輩に相談、担当者から改めてかけ直します。

○ 解決策を提案するとき

新しい商品をお届けし、その際に不良品を
回収させていただきたいと思います。
いかがでしょうか

→押しつけがましくならないよう「いかがでしょうか」と相手に選択
をゆだねます。

○ 納得してもらえないとき

かしこまりました。
それでは上の者と相談を
いたしまして、折り返しご連絡
させていただきます

○ 担当者から折り返しの電話をするとき

確認をして、担当者より折り返し
ご連絡いたします。
恐れ入りますが、お名前とご連絡先を
お聞かせいただけませんでしょうか

⑤ 感謝の言葉を述べて電話を切る

お客様や取引先からのクレームも、貴重な意見ととらえ、感謝の言葉を述べます。
また、自分の名前を伝え、話を聞いた者の所在をはっきりさせ、相手を安心させます。

このたびは、貴重なご意見をいただき、
ありがとうございました。
わたくし、小池が確かに承りました

クレーム電話も誠実に対応すれ
ば、「丁寧に対応してくれた」と、
会社のイメージアップになるよ

電話をかけるときの基本

- ☑ 緊急の用件などはメールで済ませず、電話で直接伝える。
- ☑ 電話をかけるときは、前もって話す内容を整理し、簡潔に手短に伝える。

電話をかけるときのポイント

前もって話の内容を整理してメモする

相手に情報を正確・簡潔に伝えるために、5W3Hをもとに話す内容を書き出します。要点をまとめたメモを見ながらだと順序よく話すことができ、伝え忘れもありません。

相手の都合を考え時間帯に配慮する

急用を除いては、始業直後、昼休み、終業直前の時間帯は避けましょう。また、相手が出たら「今、お時間よろしいでしょうか」と相手の都合を聞いた上で本題を話します。

メモとペン、資料やスケジュールを用意

電話しながら、必要なことをメモできるようにペンとメモ用紙を準備します。また、資料やスケジュール表を用意しておくと、いざというとき安心で、話がスムーズに進みます。

5W3H	
What	何を（用件の内容、目的）
When	いつ、いつまでに（期限、時間、日程）
Where	どこで、どこへ（場所）
Who	誰が（担当者など）
Why	なぜ、何のために（理由）
How	どのように（方法、手段など）
How many	いくつ（数量）
How much	いくら（価格、費用、予算）

よく電話をする会社は、短縮登録をしておくと便利だし、間違い電話も防げるよ

◎かける側の都合だけなく、相手の都合も考える

　メールで十分に事足りる内容を電話で伝えるのは、かえって相手の迷惑になることがあります。電話によって仕事が中断され、時間をとられるからです。かといって、何でもメールで済ませるのもよくありません。すぐに確認すべきことや、込み入った内容などは、直接話したほうがスムーズ。1度の電話で済むのに、メールで何回もやりとりするのは時間の無駄になることも。

　ただし、相手の時間をもらうので、ダラダラとまとまりのない話をするのはマナー違反。事前に話す内容は整理しておきましょう。また、相手が出たら、話を聞いてもらえる時間があるか、都合を聞いてから用件を話すようにします。

電話をかけるときの主な流れ

1　相手が出たら名乗る

○○社の鈴木と申します。
いつもお世話になっております

P118参照

2　取り次ぎをお願いする

恐れ入りますが、営業部の柴崎様はいらっしゃいますでしょうか

P118参照

3　名指し人が出たら用件を話す

○○社の鈴木です。いつもお世話になっております。今、お時間よろしいでしょうか。
△△の件ですが……

P119参照

★名指し人が不在の
　場合　P120参照

4　電話を切る

失礼いたします

P119参照

117

電話をかけるときの流れ

相手の都合を考えながら、失礼のないフレーズで話を進めます。

1 相手が出たら会社名と名前を名乗る

相手が電話に出て、会社名を言ったら、自分の会社名と名前を名乗ります。
名乗りと「いつもお世話になっております」はワンセットで言います。

○○社の鈴木と申します。
いつもお世話になっております

◉ はじめての人や会社に電話をかけるとき

突然のお電話で失礼いたします。
わたくし、○○社の鈴木と申します

2 取り次ぎをお願いする

話をしたい相手の名前を伝えます。直通電話の場合、部署名は省いてかまいません。

恐れ入りますが、営業部の柴崎様は
いらっしゃいますでしょうか

◉ こんな言い方も

恐れ入りますが、営業部の
柴崎様をお願いできますでしょうか

恐れ入りますが、営業部の
柴崎様へお取り次ぎ願えますか

➡ 同じ部署に同姓の人がいることを知っている場合は、フルネームまたは役職をつけます。

◉ 役職名をつけるとき

恐れ入りますが、柴崎部長は
いらっしゃいますでしょうか

➡「役職・肩書」+「名前」+「様」にして、
営業部長の柴崎様でもOK。

◉ はじめての電話で担当者名がわからないとき

恐れ入りますが、○○のご担当の方をお願いできますでしょうか

118

③ 名指し人が出たら名乗り、相手の都合を聞く

名指し人が電話に出たら、改めて自分の会社名と名前を名乗り、
相手の都合を確認します。

○○社の鈴木です。いつもお世話になっております。
今、お時間よろしいでしょうか

・今、お話ししてもよろしいでしょうか

> 名指し人が
> 不在の場合
> （P120へ）

④ 用件を話す

事前に用意したメモを見ながら、順序立てて話します。

○○の件で、取り急ぎご連絡いたしました

→最初に何の件かを伝えると、話がスムーズです。

○すぐに確認してほしいメールを送ったとき

ただいま○○の件について、メールをお送りいたしましたので、
ご確認いただけませんでしょうか

⑤ あいさつをして電話を切る

時間をとって話を聞いてもらったお礼を述べ、「失礼いたします」と締め、
静かに電話を切ります。

ありがとうございました。
失礼いたします

○こんな言い方も

お忙しいところ、お時間をいただきまして
ありがとうございました。失礼いたします

→電話を切った後、「先ほど電話
でお話しした件、念のためメール
でもお送りいたします」と、日時や
数量、送り先など、メールをしてお
くと、お互い確認ができます。

名指し人が不在のとき

相手の予定を聞いた上で、**1** かけ直す、**2** 伝言を残す、**3** 折り返しの電話をお願いする、**4** 緊急に連絡をとりたいので連絡方法を教えてもらう、**5** 代わりの人に取り次いでもらう、のいずれかを選びます。

かけ直す

> それでは、15 時頃に改めてご連絡いたします

➡ 相手が帰社した頃に連絡することを伝えます。社内にいて離席中の場合は、「改めてご連絡いたします」と言い、時間をおいてかけ直します。

◎ 電話をかけるタイミングを聞くとき

柴崎様は、何時頃、
お戻りの予定でしょうか

柴崎様のご都合のよろしい
お時間は何時頃でしょうか

伝言を残す

> それでは、伝言をお願いしてもよろしいでしょうか。
> 10 月の○○の発表会が延期になった旨をお伝えください。
> 詳細は、追ってメールいたします

➡ 用件によっては詳細をメールで確認してもらってもよいでしょう。

伝言を頼んだ相手の名前を確認しておくと安心

折り返しの電話をお願いする

> 恐れ入りますが、柴崎様がお戻りになりましたら、
> ○○社の鈴木までご連絡いただけませんでしょうか

➡ 相手から「折り返しましょうか」と提案された場合は、「お手数ですが、よろしくお願いいたします」と言います。

緊急に連絡をとりたいとき

至急、柴崎様と連絡をとりたいのですが、
お願いできますでしょうか

→すぐに連絡をとりたいのは、こちらの都合。「急ぎなので、何とかしてもらえませんか」など、相手を困らせるような言い方は避けましょう。

あせっていると、つい自分勝手で乱暴な言い方になるから気をつけて

○ 教えてもらった携帯電話につながらないとき

柴崎様から教えていただいた携帯番号に連絡していますが、
つながらない状態です。
恐れ入りますが、他に連絡をとる方法はございますか

→相手先の会社で何らか連絡手段を持っていて、本人と連絡がとれることもあるので、念のため聞いてもよいでしょう。

[電話の切り方]

● 話し終えたら、3秒ほどおいて電話をかけた側が先に切ります。
● 相手が取引先の人、お客様の場合は、相手が切ったのを確認してから切ります。
● 切るときは、フックを指で押してから静かに受話器を置きます。

電話のかけ方 ケース別の対応

問い合わせるとき

送られてきたメールの内容についてなど、直接相手の話を聞きたいときは、メールではなく電話で問い合わせます。長々とした前置きは省き、最初に何に関する問い合わせの確認かを相手に伝えます。

> お忙しいところ恐れ入ります。
> 先ほどメールでお送りいただきました書類の内容について
> 1点確認させていただきたいことがございます。
> 今、お時間よろしいでしょうか

➡「メールの内容だとよくわからないのですが」だと、相手を責めるような言い方になります。確認したいことを結論から述べた上で、相手の都合を聞きましょう。

◎ 回答をもらった後

> 承知いたしました（かしこまりました）。
> それでは、○○○のように進めます。
> お手数をおかけいたしました。
> ありがとうございました

➡問い合わせについての回答をもらったら、必ずお礼の言葉を忘れずに。

催促するとき

相手を責めるような言い方は、クレーム電話になりかねません。「〜いただけませんでしょうか」などの依頼型の言葉を使い、やわらかく丁寧に伝えることを心がけましょう。

◎ 納品日に商品が届いていないとき

> 3日に納品をお願いしていた商品が、
> まだこちらに届いておりません。
> 恐れ入りますが、ご確認いただけませんでしょうか

➡自分の確認ミスの恐れもあります。まずは、低姿勢で確認のお願いをします。

◎ 確認のお願いをした後

> すでにお送りいただいておりましたら
> 大変申し訳ございません

➡行き違いという可能性もあるので、確認のお願い後にこの言葉を添えるようにします。

◎ 電話を切る前に

> ご多忙中、お手数をおかけして
> 恐縮ですが、
> どうぞよろしくお願いいたします

➡最後に、相手を気づかうあいさつで締めます。

お詫びをするとき

本来、謝罪は直接会って行うものですが、まずは電話でお詫びをします。

> ○○○の件につきまして、このたびはご迷惑をおかけしまして
> 誠に申し訳ございませんでした。お電話で恐縮ですが、
> 早急にお詫びを申し上げたいと思いましてご連絡いたしました。
> 改めて、謝罪にお伺いさせていただければと思います。
> お時間をいただくことは可能でしょうか

➡ 非を認めて、誠意を持って謝罪することが大切です。直接会って謝罪したい旨を伝えましょう。

○ こんな謝罪の言い方も

> こちらの不手際で、お手数をおかけして
> 大変申し訳ございません
>
> ご迷惑をおかけしたことを深くお詫び申し上げます

言い訳は
禁物だよ

職場の人の家族に電話をするとき

緊急の用件で家族にかける場合、まず自分が職場の人間であることを伝えてから、本題に入ります。

> ○○商事の小池と申します。
> 加藤部長には、いつもお世話になっております。
> 実は、加藤部長が交通事故にあわれて、救急車で○○病院に運ばれました

➡ 職場の人の家族に対しては、尊敬語で話すのが基本です。

間違い電話をかけたとき

しっかりとお詫びの言葉を述べましょう。無言で切るのは、マナー違反です。

> 申し訳ございません。
> 番号を間違えました。
> 失礼いたします

「間違えたようで
す。すみません」と
いう言い方はNG

○ 電話番号の確認をしたいとき

> 大変失礼いたしました。
> 恐れ入りますが、そちら電話番号は
> 03 - ○○○○ - ○○○○でしょうか

➡ メモに書かれていた番号が違う可能性もあります。相手の電話番号を確認させてもらえば、何回も間違ってかけることが避けられます。かけた番号がメモどおりでも、間違いを確認したら、お詫びの言葉を述べて切ります。

スマホで話すときのマナー

6

知っ**得**ポイント

☑ 外出先で利用するときは、人気のない場所に
移動し、小さな声で手短に話す。

☑ 相手のスマホにかけるときは、
相手への配慮を忘れずに。

スマホで話すときのマナー

静かな場所に移動する

　人が大勢いる駅や街中は、多くの人に話を聞かれてしまいます。また、車や人混みで騒がしいと、相手の声や自分の声も聞こえにくく、無意識に声が大きくなりがちです。話すときは、できるだけ人がいない静かな場所を見つけて移動します。

声が反響するような
建物内や場所での
電話も避けて

◎社外で使用するときは、情報漏えいに注意

スマートフォン（以下スマホ）や携帯電話は、いつでもどこでも連絡ができる便利なものですが、社外で使うときは注意が必要。なぜなら、街中では不特定多数の人がいるため、会社名や個人名、開発中の案件、値段などの機密情報を通りすがりの人に聞かれてしまう危険性が高いからです。

仕事の電話は、基本的に会社の固定電話から話すのがベストですが、外で電話をとるとき・かけるときは、人気のない場所に移動し、小さな声で用件を手短にすませるようにします。話しながら歩くのは、情報を拡散するようなもの。会社の信用・信頼を守るためにもマナーを守ることを徹底しましょう。

立ち止まって話す

歩きながら話すのは、それだけ話を聞かれる人の数も増えるということ。会社の機密情報をばらまいているのと同じです。プライベートでは歩きながら電話をしているという人も、仕事の電話は必ず立ち止まって話す習慣をつけましょう。

小さな声で話す

人混みを避けて話しても、周囲に仕事の関係者や同業者がいるかもしれません。話すときは意識して小さな声で話しましょう。イヤホンマイクを使っての会話は、周囲の音があまり気にならないため、声が大きくなりがちなので気をつけて。

固有名詞や交渉内容をむやみに話さない

情報漏えいを防ぐため、むやみに会社や個人の名前、商品名などを口にするのは避けましょう。また、進行中のプロジェクトや新商品などの案件内容、具体的な価格交渉についても社外では話さないこと。会社に戻ってから話すようにします。

[こんなことにも気をつけて！]

● バッテリー不足では使えない

いつでも電話連絡ができるようにスマホを携帯しているのに、バッテリー不足では意味がありません。こまめに充電をするか、携帯用のバッテリーを一緒に持つと安心です。

● 会社支給のスマホの電源は基本切らない

会社から支給されているスマホは、いつでも電話対応できるよう、基本的に電源は切らないようにしておきましょう。

自分のスマホに電話がかかってきたとき

個人または会社支給のスマホや携帯電話にかかってきたときは、
電話をとる場所を確保してから、情報漏えいに注意して話すようにします。

○ **外にいるので折り返すと伝える**

> 申し訳ございません。
> ただいま外におりますので、
> 社に戻り次第、
> 折り返しご連絡いたします

➡基本的に仕事の内容は情報漏えいのリスクが高いので、外では話さないのが基本。会社に戻ってから折り返すことを伝えます。

○ **場所を移動して折り返すと伝える**

> 申し訳ございません。
> 場所を移動して、
> すぐにかけ直します。
> よろしいでしょうか

➡いったん電話に出て、すぐに折り返すことを伝えます。できるだけ静かで人がいない場所を探して、電話をかけるようにします。

○ **移動中に電話がかかってきたとき**

> 先ほどは（電車で）
> 移動中だったため、
> 電話に出ることができず、
> 申し訳ございませんでした

➡電車やバスなどの乗り物内で電話をするのはマナー違反。電話が鳴ってもとらないのが基本です。次の駅で降りる、または目的地に着いてから、着信番号に電話をします。その際、最初に上記の言葉を添えます。

[**常時マナーモードに**]

　周囲に迷惑がかからないよう、マナーモードにしておきます。電話に出ることができなかった会議や打ち合わせの後は、必ず着信をチェックし、折り返し連絡をします。相手は、急ぎで連絡をとりたいと思い電話をかけてきているはず。早く連絡をするのは、信頼を築くことにもつながります。

自分のスマホから電話をかけるとき

仕事の話は、会社の固定電話から話すのが基本。自分からかけるときは、人気のない静かな場所を見つけ、小さな声で手短に話します。情報漏えいには十分に注意を。

> ○○社の鈴木と申します。
> 企画部の森様は
> いらっしゃいますでしょうか

➡電話のかけ方は会社の固定電話からと同じ（P118参照）。取り次ぎをお願いし、名指し人に用件を話します。ただし、外からの電話なので、用件は必要なことのみを簡潔に話します。込み入った話は、会社に戻ってからにしましょう。

こんな場所でかけるのはNG

- 駅（ホームや改札付近など）
- オフィス街
- ショッピングモール
- 交通量の多い場所

静かな場所に移動してかけても、大きな声で話したら周囲に聞こえるので気をつけて！

〇 かけた目的だけ伝え、後はメールでも

> 今、○○社の担当から連絡があり、
> 明日10時からの説明会は延期になったそうです。
> 改めて日時が決まり次第、メールでご連絡いたします。
> 取り急ぎ、明日の説明会がなくなった旨を
> お知らせしたく、ご連絡しました。
> どうぞよろしくお願いいたします

➡日時や場所などは、メールを送るのが確実です。

相手のスマホにかけるとき（P128参照）

[会社への報告は、帰社してから]

　コンペの内容や結果、営業の進捗状況など、早く報告をしたいものでも、街中など外から電話をすると会社名や仕事の内容などの情報が漏えいする恐れがあります。

　緊急な用件でない限り、スマホでの報告は避けること。詳細はできれば会社に戻ってから、上司に伝えるようにします。

相手のスマホにかけるとき

ビジネスでは、固定電話のやりとりが基本。相手のスマホにかけるのは、緊急のときのみ。会社の固定電話へかけるとき以上に、相手への配慮が必要です。

かけるときの 注意点

- スマホや携帯電話にかけてよいと確認済みの人だけにかける。
- かける時間帯に配慮する。
- 緊急時のみ、かける。
- コンペ内容、価格の確認など、相手が話しにくい内容は避ける。

事前にスマホにかけてよいか確認

いきなり相手のスマホや携帯電話にかけるのは失礼です。たとえ名刺に携帯番号が記載されていても、事前にかけてよいか確認をしてからかけましょう。

> 急ぎの連絡などは、
> 携帯におかけしても
> よろしいでしょうか

電話で話せる状態かを確認

スマホにかけた場合、相手はどんな状態で電話をとっているのかわかりません。まず、話ができる状態かどうかを確認してから、用件を話します。

> 今、お話ししても
> よろしいでしょうか

[就業時間以外にかけるのは避ける]

スマホや携帯電話は、24時間本人と連絡が可能ですが、早朝や夜遅い時間にかけるのはマナー違反。よほどの緊急時以外は、連絡は就業時間内にかけるのが基本です。なお、やむを得ず就業時間外にかける際は、右のひと言を必ず添えましょう。

◎ 緊急で就業時間外にかけるとき

（早朝）

> 朝早くから申し訳ございません

（19時以降）

> 夜遅くに申し訳ございません

（休日・休暇中）

> お休み中のところ、申し訳ございません

会社の人のスマホにかけるときの流れ

1 名乗り、何の用件かを伝えた後、相手の都合を聞く

お疲れ様です。小池です。
○○の件でご連絡いたしました。
今、お話ししてもよろしいでしょうか

→相手は、会社からの電話とわかった時点で、急ぎの用件だと把握します。何の用件かは省いてもよいでしょう。

2 用件を伝える

先ほど、○○社の大島様より連絡があり、
至急、加藤部長と連絡をとりたいそうです。
お電話をお願いできますでしょうか

→相手の電話番号がわからない場合は、メモができる状態かを確認してから、ゆっくり電話番号を伝えます。または、ショートメールやチャットアプリで電話番号を送ります。

3 電話を切る

よろしくお願いいたします。
失礼いたします

○ リモートワーク中の人にかけるとき

リモートワーク中の上司、先輩、同僚への緊急の連絡も、上記の流れでかけます。仕事の電話なので、仲のよい先輩や同僚であっても長話は禁物です。なお、社内の人間であっても、早朝や夜遅く、お昼休みにかけるのは避けましょう。

取引先の人のスマホにかけるときの流れ

会社には不在で、どうしても急ぎで連絡をとりたいときは、事前に教えてもらった番号へかけます。

1 自分の会社名と名前を名乗る

○○商事の小池と申します

◎ 取引先の会社の人から携帯番号を教えてもらったとき

御社の吉岡様より、携帯の番号を
教えていただきました

➡ どのような経緯で携帯番号を知ったかを伝えると、相手は安心します。

2 携帯にまで連絡してしまったことを詫びる

携帯（外出先）にまでお電話してしまい、
申し訳ありません

➡ 普段から、連絡は携帯電話でやりとりしている場合、このあいさつは不要です。

3 何の用件かを伝える

△△の件で、取り急ぎご連絡いたしました

➡ 最初に何の用件で電話したかを簡潔に伝えます。

4 相手の都合を聞く

今、お時間よろしいでしょうか

○ こんな言い方でも

今、お話ししてもよろしい（大丈夫）でしょうか

➡ 相手の状況を聞き、話を続けてよいか了承を得ます。

○ 相手から、かけ直すと言われたとき

申し訳ございませんが、
どうぞよろしくお願いいたします

➡ かけてもらいたい電話番号を伝えます。

⑤ 用件を伝える

△△の件、明日お返事いただくことは
可能でしょうか

➡ 相手に配慮し、用件も手短に話します。

⑥ お礼を述べて電話を切る

ありがとうございました。
それでは失礼いたします

留守番電話だった場合

伝言や折り返しの電話がほしい場合は、留守番電話にメッセージを残します。

中村様のお電話でしょうか。○○商事の小池です。
△△の件でお電話いたしました。
詳細はメールいたしますので、
ご確認をお願いいたします。失礼いたします

➡ 折り返しの電話がほしいときは、かけてほしい番号を伝えます。

○ メッセージの途中で切れてしまったとき

再度、留守番電話にメッセージを入れます。その際は、途中で切れてしまったことのお詫びをした上で、前よりも簡潔に述べます。「詳細はメールをお送りします」とメッセージを入れると、手短に伝えられます。

7 英語での電話応対

☑ 電話でよく使う英語のフレーズを覚えれば落ち着いて対応できる。

☑ 取り次ぎまでのフレーズを覚えておくと安心。

英語での電話応対のポイント

気持ちを落ち着かせる

あせっていると、たとえ相手がゆっくり話していても聞き取ることができません。ひと呼吸おいて、落ち着いて対応するよう、心がけましょう。

基本フレーズを丸ごと暗記

電話応対でよく使われる英語のフレーズを丸暗記し、実際の電話で使えるようにすることが大切です。慣れてくれば、苦手意識もなくなるでしょう。

大きな声でゆっくり話す

発音など気にせず、相手が聞き取りやすいよう、ゆっくり話します。そうすると、相手も「英語が堪能ではない」と察してくれ、ゆっくり話してくれることもあります。

丁寧な表現に

ビジネスにふさわしい表現にするには、「May I 〜」「Should I 〜」「Could you 〜」「Please」などを使うと丁寧になります。

よく英語の電話がかかってくる職場なら、最初は基本フレーズ（P134参照）を見える場所に貼っておくとあわてないかも

◎外国人からの電話も基本フレーズを覚えれば大丈夫

　仕事の関係上、外国人から電話がかかってくる職場もあるでしょう。そんなときに「どうしよう、英語だ。何を言っているかわからない」とあわてふためくと、相手も不安になり、よい印象を持ってもらえません。

　電話は、いくつかのフレーズを覚えておけばスムーズに応対できます。それは日本語も英語も変わりありません。まずは、名指し人、相手の名前を聞き取ります。その後は、名指し人か、英語が堪能な人に取り次ぎます。そこまでの基本的な英語のフレーズを覚えておけばOK。フレーズを丸暗記しておけば、急な外国人からの電話にも落ち着いて対応できるでしょう。

外国人から電話がかかってきたときの主な流れ

1 名指し人の名前を聞き取る

Hello. May I talk to Mr,Kato?
（ 加藤さんをお願いします ）

2 相手の名前を聞く

May I have your name, please?
（ お名前をお伺いできますか ）

3 名指し人に取り次ぐ

One moment, please.
（ 少々お待ちください ）

英語の電話を受けたときの基本フレーズ

○ 相手の名前を聞くとき

May I have your name, please?
（ お名前をお伺いできますか ）

➡「What`s your name?」はカジュアルで、ビジネスシーンには適しません。

○ 名前が聞き取れなかったとき

Could you repeat your name?
（ もう一度お名前をお願いします ）

➡「Could you say that again?」（もう一度お願いします）でもOK。

○ 相手の社名を聞くとき

May I ask what company you are with?
（ 会社名をお聞かせいただけますか ）

○ ゆっくり話してほしいとき

Could you please speak more slowly?
（ もう少し、ゆっくりお話ししていただけませんか ）

➡英語を話すときもゆっくりと相手に伝えます。

○ 名指し人に取り次ぐとき

One moment, please.
（ 少々お待ちください ）

➡「Just a moment, please.」でもOK。「少々お待ちください」と言ってから保留ボタンを押します。

○ 英語が話せる人に取り次ぐとき

One moment, please.
I`ll get someone who speaks English.
（ 少々お待ちください。英語ができる者に代わります ）

➡「少々お待ちください」は、「Just a moment, please.」でもOK。

○ 名指し人が不在のとき

I`m afraid he is out now.
（ 申し訳ありませんが、外出しております ）

➡名指し人が女性の場合、「he」の部分が「she」になります。

○ 名指し人が席を外しているとき

He is not at his desk at the moment.
（ 席を外しています ）

→ 名指し人が女性の場合、「He」の部分が「She」になり、「his」の部分が「her」になります。

○ 名指し人にかけ直してもらうとき

Could you please call him back later?
（ 後ほどかけ直していただけますか ）

→ 名指し人が女性の場合、「him」の部分が「her」になります。

○ 折り返しの電話を提案するとき

Should I have him call you back?
（ 折り返しお電話いたしましょうか ）

→ 名指し人が女性の場合、「him」の部分が「her」になります。

○ 相手の電話番号を聞くとき

May I have your phone number, please?
（ 電話番号を教えていただけますか ）

○ 電話を切るときのあいさつ

Thank you for calling. Good bye.
（ お電話ありがとうございました。 失礼いたします ）

→ 日本語での「失礼します」にあたる英語はありませんが、電話をかけてくれた感謝の気持ちは伝えます。

英語の電話応対も、フレーズさえ覚えればこわくないよ

名前やアドレスを 電話で伝えるときのコツ

　面識がなく、名刺交換をしていない人と、メールや書類などを送り合うことがあります。相手の名前の漢字を間違えるのは失礼にあたるので、必ず、どんな漢字を使うのかを聞きましょう。よくある名前だからと、決めつけてしまうのは禁物。

　サカイなら「坂井」、「酒井」、「堺」など、いろいろな漢字があります。「失礼ですが、サカイ様はどのような漢字でしょうか」と確認を。逆に、自分の名前の漢字を聞かれたときは、相手が理解しやすいよう、「エノモトは、木へんに夏、ブックの本で榎本です」など、部首、地名、有名人の名前を例に伝えます。住所も町名などの漢字を確認しながら、正確に聞き取ります。

　また、メールアドレスは、間違ったアドレスに送ってしまうと情報漏えいになる危険性もあるので、アルファベットや数字、記号などを正確に伝え合うことが大切です。アルファベットを伝える際は、「アップルの a 」など、誰でも知っている単語、地名などの頭文字をあげると、お互いに確認しやすくなります。そして、最後には、必ず1文字ずつ読み上げて伝えます。

メールアドレスを伝えるとき

m_koike@tshouji.comの場合

ミュージックのエム　アンダーバー
ケイ　オー　アイ　ケイ　イー でコイケ　アットマーク
トウキョウのティー　　エス　エイチ　オー　ユー　ジェイ
アイ　でショウジ　　ドット　　コムです。

PART 6

マナーを心得た！
来客応対と
他社訪問

BUSINESS
MANNER

来客応対のマナー

- ☑ 笑顔で感じのよい応対を心がけることは、会社のイメージアップにつながる。
- ☑ すぐに応対し、担当者にスマートに取り次ぐことで、相手に安心感を与える。

来客応対のしかた

アポイントがある場合

1 笑顔であいさつ

来客応対は、お客様に自分の顔を覚えてもらえるチャンスでもあります。来客に気づいたら率先して立ち上がり、明るく応対しましょう。

いらっしゃいませ

2 会社名や名前などを確認

相手の会社名、名前、面会希望者の部署名と名前、アポイントの有無を確認します。会社名と名前は、必ず復唱します。

△△社の高橋様でいらっしゃいますね。お待ちしておりました。少々お待ちください

3 担当者に連絡

担当者に連絡をして来客の名前を伝え、案内の指示を仰ぎます。

△△社の高橋様がいらっしゃいました

4 お客様を案内する

担当者の指示に従って、応接室などに案内します。担当者が直接迎えにくる場合は、「加藤が参りますので、少々お待ちください」と伝えます。

6階の応接室にご案内いたします

◎「会社の顔」という自覚を持ってお客様を迎える

　会社には、さまざまな人が訪れますが、どんなお客様に対しても笑顔で出迎え、丁寧で感じのよい応対を心がけましょう。なぜなら、お客様にとっては、応対してくれた人の印象が、そのまま会社のイメージになるからです。

　また、長時間待たせたり、取り次ぎに時間がかかったりすると、お客様に不安を与え、応対に不満を抱かせてしまうことになりかねません。来客に気づいたら、すぐに立ち上がり、会社名、名前、アポイントメント（以下、アポイント）の有無などを聞き、担当者にスマートに取り次ぎましょう。会社の顔という自覚を持ち、迅速・丁寧に応対することが大切です。

アポイントがない場合

1 あいさつをし、社名、名前、面会希望者、来社目的を確認する

　はじめて来社したお客様には「恐縮ですが、お名刺をお預かりできますでしょうか」と言い、名刺をいただきます。

△△社の中川様でいらっしゃいますね。恐れ入りますが、ご用件をお伺いできますでしょうか

2 担当者に連絡

　約束をしていない来客があることと、用件を伝え、指示を仰ぎます。担当者が面談を望まない場合は「あいにく席をはずしております」など、不快にさせない言葉で断ります。

△△社の中川様がいらっしゃっております。○○の件でお話があるそうです

待たせてしまう場合

1 現状の説明とお詫び

　現状の説明をしてお詫びします。なお、長引きそうなときは、応接室などにご案内します。

申し訳ございません。あいにく電話（会議）が長引いております。もう少々お待ちください

担当者が不在の場合

1 不在理由と戻り時間を伝える

申し訳ございませんが、加藤（担当者名）は外出しており、戻りは16時頃の予定です

2 相手の意向を確認

かしこまりました。加藤に、中川様が○○の件でお見えになったことを申し伝えます

2

来客を案内する

案内の手順

1 案内する場所を告げ、先導する

お客様を案内する場所が決まったら、案内場所を伝え、お客様を先導します。

お待たせいたしました。
5階の応接室にご案内いたします

2 お客様の2〜3歩斜め前を歩いて移動する

後ろのお客様を確認せず、早足でスタスタと歩くのはNG。お客様を振り返りながら、歩調を合わせて歩きます。

▷ 手を揃えて指し示しながら、
お客様へ心配りの言葉を添える

廊下を曲がるとき

こちらでございます

階段を使うとき

お足元にお気をつけください

◎お客様に配慮し、スマートに案内する

　お客様にとって、訪問先の会社内は不慣れな場所なので、だまって案内されると、「どこに行くのだろう」と不安になります。そのため、案内するときは「5階の会議室にご案内いたします」と、まず行き先を告げると、お客様は安心します。

　先導する際は、お客様のやや斜め前を歩き、振り返りながらお客様の歩調に合わせます。段差がある場所では「段差がございますので、お気をつけください」などの心配りの言葉も忘れずに。案内の手順とマナーを心得て、スマートに案内することで「きちんとした会社だ」という評価を持ってくれるでしょう。

❸ 入室前にノックをし、空室であることを確認してからドアを開ける

　ドアが閉まっている場合は、3回ノックをし、使用中でないことを確認してドアを開け、お客様を部屋に案内します。

外開きのドアの場合

どうぞお入りください

ドアノブを持って、ドアを押さえ、お客様を誘導します。

内開きのドア場合

お先に失礼いたします

ひと言、断って先に部屋へ入り、お客様を招き入れます。

❹ 上座をすすめ、あいさつ、一礼して退室する

　お客様を上座（P144 参照）にすすめ、あいさつの後、一礼（会釈）して静かにドアを閉めます。

どうぞ、こちらにおかけください。
加藤（担当者名）はまもなく参ります。
少々お待ちください

エレベーターで案内するときのマナー

エレベーターに乗る前は、必ず案内人が上下のエレベーターボタンを押します。また、開いたエレベーター内に人が乗っているか、いないかで乗り降りの順番が違ってくるので、気をつけましょう。

乗るとき

エレベーターに誰も乗っていない場合

お先に失礼いたします

▷ 自分が先

操作盤の「開」を押してくれる人がいないため、すぐに閉まってしまいます。お客様の安全を考えて、案内人が先に乗って操作盤の「開」を押し、もう片方の手でドアを押さえて、お客様に乗っていただきます。

操作盤の前に立つときは、お客様におしりを向けないようにね

エレベーターに乗っている人がいる場合

どうぞ、お乗りください

▷ お客様が先

片手でエレベーター内を指し示し、もう一方の手でドアを押さえて、お客様に乗っていただきます。自分は最後に乗ります。

- **操作盤の前に立てた場合** ➡ 行き先階のボタンを押す。

- **操作盤の前に手を伸ばせば届く位置の場合** ➡ 「失礼いたします」と言って、行き先階のボタンを押す。

- **操作盤に手が届かない場合** ➡ 「恐れ入りますが、5階を押していただけませんでしょうか」と、操作盤の前の人にお願いし、押してもらったら「ありがとうございます」とお礼を言う。

降りるとき

エレベーター内がお客様と自分だけの場合

どうぞ

▷ **お客様が先に**

操作盤の「開」を押し、もう片方の手でドアを押さえて、お客様から先に降りていただきます。

他に乗っている人がいる場合

失礼いたします

▷ **自分が先に**

操作盤で「開」を押してくれる人がいる場合は、自分が先に降りてドアを押さえ、お客様に降りていただきます。

階段で案内するときのマナー

「○階でございます」と行き先を告げ、手すりがあれば手すり側へと手で指し示して案内します。一般的には、目上の人より高い位置にならないよう「上がるときは、目上の人が先」となりますが、ビジネスの上ではお客様を先導するという配慮や、先に歩くお客様が不安になることを考慮し、基本的に案内人が先になります。

案内で上るとき
▷ **自分が先**

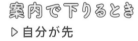

お先に失礼いたします。
どうぞお足元に
お気をつけください

案内で下りるとき
▷ **自分が先**

★エスカレーターでの案内も
同様です。

3

席次のマナー

知っ得ポイント

☑ 部屋や乗り物には、立場や年齢に応じて
　座る順番（席次）があることを知っておく。

☑ お客様は、上座に案内する。

上座と下座

一般的な応接室の席次

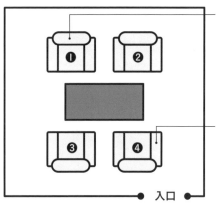

上座
入口から最も遠い席。

立場が上の人
(お客様、上司など)

下座
入口から最も近い席。

立場が下の人
(役職が下の人、
新人など)

入口 ●

**お客様、自社側の者が
複数いる場合**

1 お客様の中で役職が上の人から①②
　の順番に案内。

2 お客様を案内後、自社の役職が上の
　人から③④の順番に案内。

**社内の者だけでの打ち合わせや
会議の場合**

1 役職が上の人（または年長者）から数
　字の順番に座る。

2 新人や役職が下の人は下座に座る。

◎ビジネスにおいて「席次」は重要

　応接室や会議室などの部屋、新幹線や車などの乗り物の席には、立場や年齢に応じて座る席の順番が決まっています。これを席次といいます。これは、目上の人への敬意の表れなので、席次を間違えるのは相手にとても失礼です。社会人として、席次のルールはきちんと覚えておくことが大切です。

　案内するときは、立場が上の人が座る「上座」からが基本。来客応対では、お客様が上座になります。応接室や会議室の入口から一番遠い席です。お客様を上座に案内した後は、自社の社員も席次に従い、上司から順に座ります。入口に一番近い席が「下座」です。

タイプ別の応接室の席次

★数字は席次の順番。
①は上座の最上席。

ロングソファーがある場合

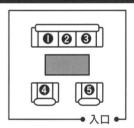

上座は、ロングソファー（長いす）の入口から一番遠い場所。下座は入口に最も近い席です。

いすが多い場合

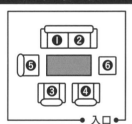

上座は、ロングソファー（長いす）の入口から一番遠い場所。下座は入口に近いスツールに。

上司の部屋に応接セットがある場合

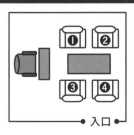

いすやテーブルの配置はいろいろだけど、入口から遠い席が上座というのを覚えて

入口から遠い席が上座、入口に近い席が下座。来客1人の場合、客は①、上司は③。来客が2人の場合は、客は①→②の順、上司は③または④。客が3人の場合、客は①→②→③の順、上司は④に。

会議室の席次

★数字は席次の順番。
①は上座の最上席。

対面型／来客との会議の場合

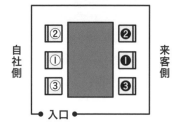

入口から遠い3つの席が来客側。手前の3つの席が自社側です。奥の真ん中が最上席になります。

対面型／社内会議の場合

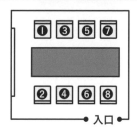

入口から遠い奥が上座。次がその真向かい。部屋の奥にいくほど上座になります。下座は入口に最も近い席です。6席の場合は奥の真ん中が上座になります。

コの字型／社内会議の場合

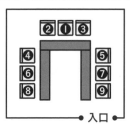

入口から遠い席が上座。3席ある場合は、真ん中が最上席に。会議の議長がいる場合は、①が議長席となります。議長の右隣が最上席になります。

円卓／社内会議の場合

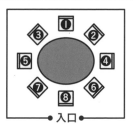

入口から遠い奥の真ん中の席が上座。次が上座の左側、右側と続きます。下座は入口に一番近い席です。

ミーティングスペースの席次

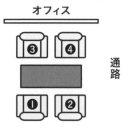

パーテーションで仕切られている部屋の場合、オフィス側から遠い席が上座になります。

エレベーターの席次

入口から見て左奥が上座、操作盤前が下座。操作盤が左右両方にある場合は、上図の③の操作盤前が下座になり、上図の③と④が逆になります。

自動車の席次

タクシー

運転手の後ろが上座、道案内をする助手席が下座になります。3人で乗るときは後部座席の真ん中または助手席が下座です。

車の持ち主が運転

運転する人が上司やお客様の場合は、助手席が上座になります。5人で乗るときは、後部座席真ん中が下座になります。

列車・新幹線の席次

列車（向かい合わせ）

対面する座席では、進行方向を向いた窓側が上座、逆方向を向いた通路側が下座になります。2席並びの場合、窓側が上座、通路側が下座です。

新幹線（3席並び）

進行方向を向いた窓側が上座、真ん中が下座になります。向かい合わせになった場合、逆方向を向いた真ん中が下座になります。

[列車や新幹線の席のチケットをとるとき]

　列車や新幹線の座席は、進行方向の窓側が上座ですが、出入りしやすい通路側を希望するお客様や上司もいます。チケットの手配をするときは、「窓側のお席をご用意したいと思いますが、通路側のご希望はありますか」と、ひと言添えるとよいでしょう。相手は、「席次をわかっている上で確認してくれるなんて、気配りのある人だ」と思ってくれます。チケットの手配という小さな仕事も、あなた個人や会社の信頼度アップにつながります。

4

お茶の出し方

知っ得ポイント

☑ 来客へのお茶の出し方にも手順やマナーが
あることを知る。

☑ お茶出しは、お客様の顔を覚える、お客様に
自分のことを知ってもらうチャンスととらえる。

お茶を出すときの手順

1 人数を確認し、お茶をいれる

- 人数分の茶碗にお茶をいれます。
- お盆に茶碗、茶托（湯飲み茶碗をのせる小さな受け皿）、お茶をこぼしたときに使うフキンをのせます。

お茶のいれ方

❶ 茶碗に沸騰した湯を8分目くらいまで注ぎ、茶碗を温める。

❷ 1人あたりティースプーン1杯分の茶葉を急須にいれる。

❸ ❶の茶碗の湯を急須に注ぎ、ふたをして1分ほど蒸らす。

❹ 茶碗に少量ずつお茶を注ぎ分け、濃さを均一にする。お茶は茶碗の8分目まで注ぐ。

2 ドアをノックして 入室する

- お盆を胸の高さで運びます。
- 右手でノックし、「失礼いたします」と言って、お客様に軽く会釈し、静かに入室します。

3 お盆を置いて茶托に 茶碗をのせる

- サイドテーブルまたはテーブルの隅にお盆を置き、茶托の上に茶碗をのせます。スペースがない場合は、お盆を片手で持ち、セットします。

◎お茶でお客様をもてなす大事な仕事

お茶出しは、お客様を歓迎する気持ちを表すものであり、丁寧なおもてなしは場の雰囲気をやわらげます。来客応対同様、会社のイメージにもつながる大切な仕事です。新人の場合は、お客様の顔を覚える、自分の顔を知ってもらうチャンスでもあります。率先して行いましょう。

お客様に出すのは、日本茶（煎茶）が一般的です。人数を確認した上でお茶をいれ、あいさつや名刺交換が終わったタイミングで入室し、お茶を席次（P144〜146）に沿って丁寧に出していきます。手順やマナーを知っていれば、「マナーを心得ている」と、お客様から信頼を得ることができます。

失礼いたします

4 お客様から先にお茶を出す

- 席次に沿って、上座のお客様から順番にお茶を出していきます。
- 茶托を両手で持ち、「失礼いたします」と言って、お客様の右側からお茶を出します。
- 書類があって右側に置けないときは、「こちらから失礼いたします」とひと言添えて左側から出してもよいでしょう。
- 茶碗に絵柄がある場合は、絵柄がお客様から見えるよう正面にします。

5 一礼して退出する

- お茶を出し終えたら、お盆の表を外側にして脇に持ち、「失礼いたしました」と言って会釈し、退出します。

お客様が帰られたら
後片付けも忘れずに

お見送りのマナー

☑ お客様に対して訪問の感謝の気持ちを
示すため、最後まで丁寧に見送る。

☑ お客様との関係性、状況によって、
お見送りの場所やしかたは異なる。

シーン別の見送り方

エレベーター前まで見送る場合

1 エレベーター横の上下ボタンを押す。

2 お客様が乗り込んだら、「こちらで失礼いたします」とあいさつをし、ドアが閉まりきるまでお辞儀（最敬礼・P43参照）します。

先にエレベーターに乗っている人がいても、ドアが閉まるまでお辞儀を

◎大切なのはお客様への感謝の気持ち

　お客様の話が終わったら、「本日はご足労いただき、ありがとうございました」と訪問のお礼を述べます。そして、お客様が立ち上がってから席を立ち、お見送りをします。お見送りのしかたは、お客様との関係性やその場の状況によって異なります。打ち合わせ室からその階のエレベーター前までの見送りが一般的ですが、役職が上の大切なお客様の場合、玄関先まで出てお見送りしたり、タクシーに乗られるまでお見送りする場合もあります。なお、丁寧すぎるお見送りは、かえって相手の負担になることがあります。上司や先輩を見て対応するのがよいでしょう。

玄関先まで見送る場合

1　会社の玄関外まで出て、「本日はありがとうございました」などと、あいさつをします。

2　お客様が見えなくなるまでお辞儀（最敬礼・P43参照）をします。

車まで見送る場合

1　お客様の荷物をいったん預かり、お客様が車に乗り込んだら、荷物を渡します。

2　車が動きだしたら、一礼（最敬礼・P43参照）し、車が見えなくなるまでその体勢で見送ります。

[お見送りに決まりはない]

　上にあげたお見送りのしかたは、あくまで一例。お客様の姿が見えなくなるまでお辞儀をするのは、丁寧なお見送りの基本ですが、いつでもそれを実行しなくてはいけないというわけではありません。お客様の性格によっては負担になることもあります。

　大切なのは、感謝の気持ちを表すこと。お客様が「丁寧な扱いで大切にされた」と感じられれば、信頼関係が生まれ、仕事もスムーズに進みます。

6 他社訪問する前の準備

知っ得ポイント

- ☑ アポイント（事前約束）をとってから訪問する。
- ☑ 訪問目的を達成するための内容整理や
資料作成など、準備を怠らない。

電話でのアポイントのとり方

1 担当者に面談を申し込む

相手が出たら名乗り、訪問目的、所要時間を伝えます。

> お世話になっております。
> ○○社の鈴木です。
> △△の件で和田様にお目にかかりたいのですが、
> 30分ほどお時間をいただけますでしょうか

2 訪問日時を決める

相手が訪問を承諾してくれたら、相手の都合のよい日時を聞きます。

> 和田様のご都合のよい日時を
> いくつか教えていただけると幸いです

◎訪問する約束をした後は、準備万端で臨む

　営業や打ち合わせなどで他社を訪問する際は、必ずアポイントをとってから訪問します。突然の訪問は相手の迷惑になります。

　アポイントは、電話やメールで訪問の目的を連絡し、相手に都合のよい日時をいくつか聞き、その中から自分の都合のよい日を決めます。逆に訪問希望日時をいくつか提案して相手に選んでもらってもよいでしょう。その際は「勝手を申し上げて恐縮ですが」とひと言添えます。

　訪問日時が決まったら、訪問目的に合わせて資料などを準備したり、訪問先の情報を確認したり、有益な訪問になるよう準備しましょう。

○ 相手の指定日に予定があるとき

申し訳ございません。
あいにく、その日は他の予定が入っております。
勝手ながら、○日と○日でしたら何時でも
ご都合に合わせてお伺いできますが、
和田様のご都合はいかがでしょうか

③ 約束内容を確認

訪問日時を復唱し、同行者がいる場合は、人数を伝えます。

それでは、○月○日月曜日の10時に
部長の加藤とわたくしの2名で
お伺いさせていただきます。
どうぞよろしくお願いいたします

　電話の後、相手に面談の約束をしてくれたお礼と、訪問日時をメールしておくと、双方で情報共有ができ、日程の思い違いなどが防げます。

○ 約束した訪問日時の変更をお願いするとき

誠に申し訳ございませんが
○月○日の打ち合わせの日にちを
変更させていただけませんでしょうか

　アポイントの変更は「原則なし」ですが、やむを得ない理由で面談の日時を変更したい場合は、すぐに電話連絡をし、お詫びとともに改めてアポイントをとります。

メールでのアポイントのとり方

面識がある人への面談は、メールで送った後、電話で確認をお願いしてもよいでしょう。

メール文例

○○○○株式会社
営業部
和田晃一様

お世話になっております。
○○社の鈴木です。

このたび△△△の件で、お話をさせていただきたくメールを
差し上げました。お忙しいところ大変恐縮ですが、下記の
日程で30分ほどお時間をいただくことは可能でしょうか。

・3月2日（火）　○時～○時
・3月4日（木）　○時～○時
・3月8日（月）　終日

上記の日程以外でも調整は可能です。
ご多忙中、大変恐縮ですが、ご検討の上、
ご連絡をいただけると幸いです。

どうぞよろしくお願い申し上げます。

（署名）

- 最初は、上司にメールの文面をチェックしてもらうとよいでしょう。
- 同行者がいる場合、CCでメールを送ります。

面談の了承をもらったら、上司に
報告。そして、お礼とともに、日時
と同行者を記したメールを送ろう

訪問前の準備リスト

訪問目的を達成するためには、事前の準備をしっかり行うことが大切です。

リスト例

□ **訪問先の情報**
・会社名、住所、電話番号
・担当者名と所属部署、役職

□ **交通手段や移動時間の確認**
・訪問先へのアクセス
・何時に社を出ればよいか
・車の場合は駐車場の確認も

□ **商談や打ち合わせの資料**
・資料作成
・情報収集
・サンプルの手配など

□ **同行者との打ち合わせ**
・同行者と、当日の話の進め方や説明のしかたなど、目的に応じてよく打ち合わせをしておく

□ **持ち物の確認**
・名刺、スケジュール帳、手帳、筆記用具
・パソコンやタブレット

○ はじめての訪問先の場合

● 相手の会社のことをホームページなどで確認し、あらかじめ事業内容、経営方針を調べておく。

● 自分の会社を紹介するために、事業内容などがわかるパンフレットやこれまでの実績を説明できる商品や資料を準備。

○ 謝罪や依頼の場合

● 手土産を用意する。

準備をしっかりすると、当日にあわてないよ

他社訪問するときのマナー

☑ 訪問前は身だしなみを整えて、印象をよくする。

☑ 相手の都合を考え、約束の時間の
2〜3分前に取り次いでもらう。

他社訪問の流れ

1 訪問先に到着 ➡ 約束した時間の10分前に

- 玄関先で身だしなみを整える。
- 建物に入る前に、コートを脱ぐ。（マフラーや手袋もはずす）
- スマホや携帯電話は、マナーモードにする。
- 名刺は取り出しやすいようにしておく。

◎早めに到着しても、約束の時間まで待つ

　訪問先には、余裕を持って到着するようにします。約束した時間の10分前の到着を目安にするとよいでしょう。そして、訪問先に到着する前に、身だしなみを整えておきましょう。相手から信頼を得るためにも必要なことです。

　なお、早く到着しても、すぐに取り次いでもらうのは禁物。相手の都合を無視することになり失礼です。もちろん遅刻は厳禁。電車の遅延で遅刻しそうなときは、早めに電話連絡をし、確実に訪問できる時間を伝えます。

　訪問のマナーを身につけておくと、会社の代表として相手から好感を持たれ、仕事もスムーズに進みます。

❷ 受付で名乗り、取り次ぎを依頼 ➡ 約束の時間の2～3分前

受付に人がいる場合

- 名乗り、面会する人の部署と名前、アポイントをとっていることを伝える。
- 受付名簿に記すことを求められたら、会社名、名前、同行者の名前など、必要事項を書く。面会する人の名前の後には「様」を書く。

受付に電話だけがある場合

- 面会する人の名前を確認し、指示されている番号にかける。
- 本人が出たら名乗る。
- 本人以外の人が出た場合は名乗り、面会する人の名前とアポイントをとっている旨を伝えて、取り次いでもらう。

受付がない場合

- 近くの社員に声をかけ、名乗り、面会する人の名前とアポイントを取っている旨を伝えて取り次いでもらう。

③ 応接室などへ

- 案内人にすすめられてから座る。
- 席次に沿って、上司や先輩より下座に座る（P144 ～ 146 参照）。
- 鞄やバッグは足元に置く。

④ あいさつ・名刺交換

- 相手が部屋に入ってきたら立ち上がり、お礼を述べる。

本日は、お忙しいところ
お時間をとっていただき、
ありがとうございます

- 初対面の場合は、名刺交換をする（P160 ～ 163 参照）。
- 相手に着席をすすめられてから座る。

⑤ 本題に入る（商談・打ち合わせ）

- 予定していた時間内に終わらせ、お礼を述べて退室する。

[訪問先の会社を出るまで気を抜かない]

　退室後も、まだ訪問先の会社内です。立ち居ふるまいはもちろん、他社の人が聞いたり、本人に伝わったりすることもあるので、廊下やエレベーター内で、面会人や仕事の感想などについて話をするのは慎みましょう。信頼関係を失うことにつながることがあります。

知っておきたい訪問先でのマナー

鞄やバッグはどこに置けばいい?

足元の床に置きます。隣のいすに誰も座っていないからと、いすの上に鞄やバッグを置かないこと。

コートはどこに置く?

コートは、軽く畳んで鞄の上に置きます。案内人に「コートをお預かりいたします」と言われた場合は、「恐れ入ります」「ありがとうございます」と言ってコートを渡します。面談が終わっても室内ですぐに着ないで、外に出てから着ます。

お茶を出されたときの対応は?

お茶を出してくれた人に対して、「ありがとうございます」「恐れ入ります」などと、軽く会釈してお礼を言います。会話中に出されたときは、会釈だけでよいでしょう。

お茶は飲んでいい?

相手から「どうぞ」とすすめられたら、「ありがとうございます」「いただきます」といって口にします。なお、上司が同行している場合、上司が飲んでからにします。

応接室で面会の相手が来る前にお茶を出されたとき、そのお茶は飲んでもいい?

相手を待つ間に出されたお茶は、口にしてもかまいません。相手が来るまでにお茶が出されたということは、少しお待たせしてしまうからという先方の配慮です。

手土産で気をつけることは?

手土産は、お菓子が一般的です。ただし、間に合わせと思われないよう、訪問先の近所で購入するのは避けましょう。お菓子は、日持ちがする個包装のものがおすすめです。

手土産を渡すタイミングは?

部屋に案内され、面会の相手とのあいさつが済んだ後、「お口に合えばうれしいです」などとひと言添えて両手で渡します。紙袋などから出して、相手のほうへ正面を向けることも忘れないようにしましょう。

⑧ 名刺交換のマナー

知っ得ポイント

☑ 第一印象で好感を持ってもらえるよう、
  名刺交換はスマートに。

☑ 名刺は重要なビジネスツールなので、
  丁寧に扱う。

名刺交換の基本

- 名刺は、訪問した側または立場が下の人から差し出す。
- 相手の正面に立って渡す。
- 名刺は、相手が読める向きで渡す。
- 名刺は、名刺入れの上にのせて差し出す。
- 胸の高さの位置で、両手を添えて差し出す。
- テーブル越し、座ったままの名刺交換はNG。

名刺を差し出す順番

□ 訪問したとき
- 基本的には、自分から先に渡します。
- 相手が複数の場合は役職が上の人から、先に名刺交換します。

□ 訪問を受けたとき
- 基本的には、相手の名刺を先にいただきます。

◎ビジネスは名刺交換からスタート

初対面の人とのビジネスは、名刺交換から始まります。第一印象は、その後の仕事にも関係します。相手に好感を持ってもらうためにも、名刺交換の手順やマナーを身につけましょう。

名刺は、その人の「顔」ともいえるもので、小さな1枚にビジネスに必要な情報が詰まっています。名刺を交換する際は、丁寧に扱い、受け取り方、差し出し方にも気を配ることが大切です。

また、いただいた名刺の裏や余白に、会った日付や何の仕事だったのかを後日、小さくメモし整理しておくと、その後のビジネスにも役立つでしょう。

名刺交換の手順

① 名乗り、名刺を差し出す

名刺入れの上に相手が読める向きで名刺をのせ、会社名と名前をはっきりと言いながら、両手を添えて差し出します。

わたくし、○○社の鈴木翔太と申します。
どうぞよろしくお願いいたします

② 相手の名刺をいただく

相手の名刺を胸の高さで両手で受け取り、名前を確認します。

頂戴いたします。
山田様ですね

聞き取れない、名前の漢字の読み方がわからないとき

恐れ入りますが、何とお読みすればよろしいでしょうか

名刺は、同時に交換する（P162参照）のが一般的。

名刺を同時に交換するとき

名乗り、名刺を片手で交換する

1. 訪問した側から先に名乗り、その後、相手が名乗ると同時に、名刺を交換します。

2. 右手で名刺を差し出しながら、同時に相手の名刺を左手の名刺入れの上で受け取ります。

3. 右手が空いたら、「頂戴いたします」と言って、すぐに相手の名刺を両手で持ち直します。

面談中の名刺の置き方

自分の名刺入れといただいた名刺は、すぐにしまわず、面談中はテーブルの上に置き、名前が見えるようにして置きます。いただいた名刺の数により、置き方は異なります。面談が終わったら、丁寧にいただいた名刺を名刺入れに入れ、鞄にしまいます。

- **1人の場合** ➡ 名刺入れの上に置く。
- **複数の場合** ➡ 役職が上の人のみ名刺入れにのせ、他の人は顔と名前を一致させるため、座席順に並べる。

名刺を忘れたとき

正直に「忘れました」と言うと、社会人としての信頼を失うこともあります。相手にマイナスイメージを与えないよう、言い方を工夫しましょう。

1 「切らした」と説明する

申し訳ございません。
ただいま名刺を切らしております

2 口頭で会社名、部署名、名前を名乗る

わたくし、○○社営業部の
鈴木翔太と申します

○ その日のうちにメールを送り、連絡先を伝える

本日のお礼、名刺を切らしていたお詫びのメールを送り、文面の最後に署名を入れることで、社名、名前、住所、電話番号などの連絡先を伝えられます。そして、後日会った際に「先日は申し訳ございませんでした」と述べた後、名刺交換の手順で名刺を渡します。

[リモートではじめて会う人との名刺交換は？]

　事前にメールでやりとりしていることが多いので、基本的な連絡先はお互いわかっているでしょう。ただし、名刺が必要だという場合は、郵送するか、相手の許可をいただけるなら名刺をPDFにしてメールで送る方法もあります。

　最近は、オンライン名刺を使う場合もありますが、お互いに交換ができる共通のアプリを持っていることが前提になります。オンラインで名刺交換できる環境であれば、それもひとつの方法でしょう。

自己紹介のしかた

- ☑ 好感を持ってもらえるよう、笑顔で明るく、ハキハキとした話し方をする。
- ☑ 上手な自己アピールをすると、その後の人間関係がスムーズに。

自己紹介をするときのポイント

ゆっくり話す

姿勢よく

マイナスなことは言わない

笑顔で明るく

話は簡潔に1分程度にまとめる

はっきりと話す

自己紹介の流れ

1 「はじめまして」など、最初のあいさつをする。

2 会社名(部署名)、名前(フルネーム)を名乗り、お辞儀をする。

3 自己 PR(趣味、得意なこと、意気込みなど)。

4 締めのあいさつをして、お辞儀をする。

◎ 1分を目安に簡潔に話をまとめる

　新入社員は、会う人の大半が初対面なので、自己紹介をする機会は多いでしょう。社内外を問わず、自己紹介をするときは自分を知ってもらうチャンスととらえ、明るく話しましょう。自己紹介の印象がよいと、話しやすい人と思われ、人間関係を築きやすくなります。

　基本は、あいさつから始まり、社名（部署名）、名前、経歴、自己PR、そして締めのあいさつで終わります。ビジネスシーンでの自己紹介は、長くても1分ほどで話をまとめるのがベスト。簡潔に話せるよう、練習しておくと自己紹介を求められたときに、落ち着いて話せます。

自己紹介の例

社内の場合

皆様、はじめまして。小池美咲と申します。
本日付けで企画部に配属されました。
大学では美術を学び、長い休みはアジア各国を旅しておりました。
その体験が仕事にも活かせればと思っております。
皆様にご指導いただきながら、頑張ってまいります。
どうぞよろしくお願いいたします

社外の場合

はじめてお目にかかります。
わたくしは、○○社営業部の鈴木翔太と申します。
このたび、お客様の地域を担当させていただくことになりました。
学生時代は、陸上部でしたので、足には自信があります。
何か、お困りごとがございましたら、ご連絡ください。
すぐに走って駆けつけます。
お客様のお役に立てるよう頑張りますので、
どうぞよろしくお願いいたします

仕事で個人宅を訪問するとき

知っ得ポイント

- ☑ 単なるあいさつや届け物の場合、玄関先で用件を済ませる。
- ☑ 靴の脱ぎ方のマナーを知っておくと、配慮がある人だと思われ評価が上がる。

個人宅を訪問するとき（約束をしている場合）

1 玄関前で身だしなみを整える

髪や服装など身だしなみを整えます。あいさつや、届け物だけでも、玄関に入る前にコートは脱ぎます。

◎ 約束の時間より早く行くと、相手の迎え入れの準備ができていないこともあり、迷惑になります。早めに到着しても、相手への配慮として、あえて約束した時間の2〜3分後を目安にインターホンを押すようにしましょう。

2 インターホンを押し、あいさつをする

お世話になっております。
○○社の鈴木です。
本日15時にお約束をいただき、伺いました

3 玄関先で用件を済ます

目的があいさつや届け物だけなら、玄関先で用件を済ませて「失礼いたします」とあいさつして外に出ます。

◎会社訪問時のマナーとは異なる

仕事では、個人宅への営業や、フリーランスで仕事をしている人との打ち合わせなどで、個人の家を訪問することもあります。

そんなときに、身につけておきたいのが、家にあがるときのマナーです。特に靴の脱ぎ方の作法を知っていると、「マナーを心得た配慮のある人」と思われます。玄関先で用件を済ませるつもりが、家にあがるようにすすめられたりすることもあるので、知っておくとあわてずにすみます。

なお、会社とは違って個人宅は生活をする場です。長居をするのは禁物。用件を終えたら失礼し、相手の迷惑にならないようにしましょう。

靴の脱ぎ方のマナー

1 正面を向いて、靴を脱いであがる。

2 体を斜めにして玄関先を向き、床にひざをつく。

3 自分の靴を持ち、玄関ドア側に向け、端に揃えて置く。

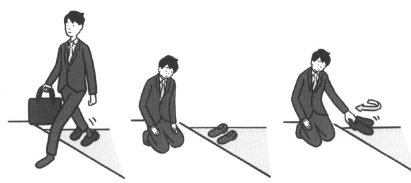

🏠 家にあがる場合

あいさつをし、軽くお辞儀をしてから、靴を脱いであがります。

失礼いたします　　おじゃまいたします

どんなときも、相手におしりを向けるのは失礼にあたるから、靴を揃えるときは気をつけて

オンライン打ち合わせの
アポイントのとり方

　オンラインで打ち合わせをしたいときは、先方にメールし、アポイントの依頼をしましょう。

依頼のメール文例

○○○株式会社
田中洋一郎　様

いつもお世話になっております。
○○会社の鈴木です。

△△に関するお打ち合わせの日程をご相談したく
ご連絡させていただきました。

田中様は、現在、福岡支社にいらっしゃるとお聞きしております。
このたびは先日のお打ち合わせでも使用しました Zoom にて
お願いしたく存じます。

お忙しいところ恐縮ですが、下記日程のいずれかで
ご調整いただくことは可能でしょうか。
お打ち合わせ時間は 1 時間前後を予定しております。

［希望日時］
(1) 6月10日（木）　10:00 ～ 12:00
(2) 6月14日（月）　13:00 ～ 17:00
(3) 6月18日（金）　終日

上記日程の中からご都合のよい日時をお教えいただけますでしょうか。
日時が決まりましたら、わたくし鈴木より URL をメールいたします。

お手数をおかけいたしますが、どうぞよろしくお願い申し上げます。

署名

PART 7

簡潔に送る！
メールと
ビジネス文書

BUSINESS
MANNER

メールの特徴とマナー

☑ メールのトラブルを防ぐためにも、
　相手に配慮した文面を心がける。

☑ 目的や状況によっては、
　メールではない手段を使う。

メールの特徴

メリット

● 相手の都合に関係なく、自分のタイミングでいつでも送信できる。

● 送受信の記録が残る。

● 同時に複数の人に送信できる

● 資料や図版、写真などが添付できる

デメリット

● 相手のタイミングで読まれるので、すぐ返事が来るとは限らない。

● 会話と違って微妙なニュアンスや意図が伝わりにくい。

● 送信後は、取り消しがきかない。

● 機器やプロバイダーにトラブルが発生すると通信できない。

一度に複数の人に送れる

誰もが1日に何度もメールをチェックするわけではない

◎文字だけのツールだからこそ、礼儀を大切に

　情報を送信、共有、保管できるメールは、今やビジネスに不可欠なツールです。しかし、文字だけのやりとりのため、配慮に欠けた失礼な文面は、誤解や不信感を与えます。日常業務の中で頻繁に使うツールだからこそ、デメリットを含むメールの特徴をよく理解して使うことが大切です。

　また、何でもメールで済ませるのは禁物。込み入った話、緊急・重要度が高い連絡、謝罪をメールで行うと、かえってトラブルの原因になるので要注意。好印象のメールは、信頼度アップにつながります。仕事を円滑に進めるためにも、マナーを心得たメールのやりとりをしましょう。

メールのマナー

正確・わかりやすく・具体的に

　日時・場所・内容などの情報は正確に記載すること。あいまいな表現を避け、わかりやすい文面を心がけると、誤解やトラブルを防げます。

送信前に宛先、内容をよく確認

　アドレス、件名、名前、内容が間違っていないか、誤字脱字がないかを2〜3回、確認をしてから送信ボタンを押します。

相手を不快にしない言葉づかい

　命令口調、攻撃的、慇懃無礼（丁寧すぎてかえって嫌味）な文面、否定的、自分本位の一方的な表現にならないよう注意。最初は上司に確認してもらっても。

メールの返信はできるだけ早く

　返信（レスポンス）が早いと、「仕事が早い」という評価を得られます。なるべく24時間以内に返信するようにしましょう。

[こんなときは、メールだけではNG]

● 急ぎの連絡

　メールを送っても、相手がすぐ見てくれるとは限りません。変更や急ぎの連絡は、連絡事項をメールした後、すぐに相手へ電話をし、メール内容を確認してもらうようにします。相手がすぐにメール確認できない場合は、電話で詳細を伝えます。

● お詫びをするとき

　電話で連絡後、直接会って謝罪するのがマナー。会うのがイヤだからと、メールだけで済ませるのはよくありません。電話しても相手が不在で会えない場合は、まずメールでお詫びをし、後日訪問する約束をとり、改めて謝罪に伺うようにします。

2 メールを作成・送るとき

☑ 簡潔でわかりやすい文面は、相手に安心感や
信頼感を与え、業務も効率よく進む。

☑ 誤送信トラブルを起こさないためにも、
宛先、内容を2〜3度確認してから送る。

メール作成の基本

1 1メールに1用件が原則

2つ以上の用件（案件）を入れるのは、相手を混乱させるもと。また、長文になって読みにくくなります。また、双方が後からチェックするときも便利です。

○ **複数の用件があるとき**
「別件にて、改めてお送りします」と書き添えます。

2 テキスト形式で送る

ビジネスメールは、「テキスト形式」が主流。送る相手が見やすい形式で送りましょう。

3 件名はひと目でわかるものに

「〇〇企画の打ち合わせの件」「サンプルチェックのお願い」など、何の用件かひと目でわかるように明記します。

○ **件名の後ろに社名と名前を入れても**
「〇〇製品発表会のご案内（△△商事　小池）」と、件名＋（会社名・名前）を入れると、件名のみで誰からのメールかがわかり、迷惑メールと勘違いされることがありません。

送信		
差出人	m_koike@△△△△.com	
宛先	tanaka@〇〇〇〇.ne.jp	
CC		
件名	〇〇製品発表会のご案内（△△商事　小池）	

件名＋名前
だけでもOK!

◎相手が読みやすい書き方、レイアウトを心がける

多忙な相手に時間をとらせないためにも、ビジネスメールの内容は簡潔で相手に読みやすく作成することがポイント。そのためメールは1案件あたり1文書とし、ひと目で用件がわかる件名にします。さらに長文は避け、フォーマットに沿ってわかりやすくレイアウトします。

また、ビジネスメールの誤送信は、内容によっては個人情報の漏えいや守秘義務違反に発展することもあるので、送信前に入念なチェックをすること。漠然と見直すのではなく、チェックポイントを1つずつクリアしていくと、見落としを防ぐことができるでしょう。

④ 5W3Hを意識してわかりやすく

伝えるべき内容を次の要素を確認、整理しながら書くようにします。

Who	誰が
When	いつ
Where	どこで
What	何を
Why	なぜ
How	どのように
How much	いくら（金額）
How many	どのくらい（量）

⑤ 1行30字程度

読みやすいレイアウトになるよう1行は30字程度に。長くなるときは区切りのよいところで改行します。段落を入れたいところを1行空白にすると、すっきりします。ただ、先方がスマホで確認する場合、頻繁に改行を入れると、かえって読みづらくなるので気をつけましょう。

⑥ 環境依存文字や絵文字は使わない

㎝、①、㈱、ローマ数字などの環境依存文字は、相手の環境によっては文字化けの原因に。また、いくら親しい間柄になっても、絵文字をビジネスで使うのは不適当です。

⑦ 添付ファイルは容量を確認してから送る

大容量ファイルを添付しても、相手の容量によっては届かないことがあります。通常、2MBまでを目安に。容量が多くなる場合は、会社で指定されている「大容量ファイル送信サービス」を使うとよいでしょう。また、ファイルを作成したソフトを相手が持っていないと開封できないので、事前に確認しておくことが大切です。

---こんなときは？---

相手の名前の漢字がわからない

間違った漢字で名前を書くのは失礼です。電話でアドレスを聞いた場合、名前の漢字も確認しておくことが大切ですが、わからないときはカタカナでもよいでしょう。

① 宛先：「会社名、所属部署、氏名＋敬称」でアドレス登録をしておくと、呼び出し機能を使ったときに似た名前があっても誤送信を防げます。

② CC： 先方の担当者が2名以上の場合や、社内の人との情報共有をする場合に使います。

③ 件名： ひと目でわかるものに。また、最後にカッコで自分の会社名と氏名を入れておくと、誰からのメールかすぐにわかります。

④ 添付： 資料や画像などは2MB以内にします。

⑤ 宛名： 会社名・役職・名前の順で、2行以内に収めます。なお、やりとりが多い場合は、会社名と名前、または名前だけでもかまいません。

⑥ あいさつ： 冒頭は「いつもお世話になっております」などでOK。時候のあいさつや、「拝啓」などの頭語は不要です。

⑦ 名乗り： 自分の会社名と氏名を毎回名乗ります。

⑧ 本文： メールを送る目的を簡潔にまとめます。

⑨ 結び： 最後は「よろしくお願い申し上げます」などで結びます。

⑩ 署名： 自分の会社名と氏名、会社の住所、電話番号、メールアドレスのほか、会社のURLなどを入れます。

送信

差出人	m_koike@△△△△.com
宛先	tanaka@○○○○.ne.jp ①
CC	kato-j@△△△△.com ②
件名	××商品の打ち合わせについて（△△商事 小池）③
添付	サンプル画像 ④

○○○○株式会社
商品開発部　田中圭太様 ⑤

いつもお世話になっております。⑥
△△商事の小池でございます。⑦

先日、お問い合わせをいただきました
××商品のサンプルが届きましたので、⑧
弊社の加藤とともにご説明に伺いたいと存じます。
参考までに、サンプル画像を添付いたします。

お忙しいところ恐縮ですが、
ご都合のよい訪問日時をいくつか
教えていただけると幸いです。
どうぞよろしくお願い申し上げます。⑨

………………………………………………
株式会社△△商事 ⑩
企画部　小池美咲
〒000-000　東京都江東区豊洲○-○-○
TEL:03-××××-××××　FAX:03-××××-××××
Mail:m_koike@△△△△.com
URL:https://www.△△△△.com

メール作成の注意点

誤解を招く表現は避ける　人によって解釈はいろいろ。あいまいな表現は避け、お互いの認識が一致するよう、具体的に書きます。

✗ 来週早めにご回答を
お願いします

◯ 6月15日（月）16時までにご回答をお願いします

➡来週早めとは、何曜日までをいうのか不明。 また時間もあいまい。

✗ いくつか案を
いただけると幸いです

◯ 3案以上のご提案をいただけると幸いです

➡ほしい数が2個か3個なのか、それ以上なのかわかりません。

要点は箇条書きに　要点は、文章よりも以下のような箇条書きが明確に伝わります。

□日時　6月3日（水）14時〜15時
□場所　ABC文化センター　8階　大会議室A
□内容　新製品発表会

段落ごとに1行空ける　1行は30字程度にし、長くなる場合は、段落ごとに空白行を入れると読みやすくなります。また、メールはできるだけ1画面に収めて、スクロールしなくても全面読めるようにします。

送信前のチェックポイント

□ 宛先のアドレスに間違いがないか
□ 内容がすぐわかる件名になっているか
□ 宛名の社名、部署名、名前に間違いがないか
□ 伝えたい内容が、全て入っているか
□ 誤字脱字、漢字の変換ミスがないか
□ 適切な敬語が使われているか
□ 相手が不快に思う表現になっていないか
□ 署名がきちんと入っているか

送信ボタンを押してしまったら、間違いに気づいてもどうすることもできない。トラブルを防ぐためにも、送るときは確認をしっかりすることを忘れずに！

社外メール例 （面識のない人に依頼）

① あいさつ： 最初に、初めてメールを送る、または面識がないことを伝えます。「突然メールをお送りする失礼をお許しください」「はじめてメールを差し上げます」「突然、失礼いたします」など、「はじめまして」のあいさつ文を入れます。

② 名乗り： 会社名と氏名の他、何をしている会社なのかも簡単に付け加えます。

③ アドレスを知った経緯： どのようにしてアドレスを知ってメールしているのかを伝えます。

④ 本文： 依頼内容と理由を簡潔に述べます。

⑤ 添付書類： 添付ファイルを開くのはウイルス感染の恐れがあるため嫌う人もいます。特に初めてメールを送る場合は細心の注意を払いましょう。

⑥ 返事： 返事を、いつまでにもらいたいかを明記。電話番号がわかっている場合は、「後日、改めて電話にてご連絡いたします」と添えます。

⑦ 署名： 相手が連絡しやすいよう、署名は必ず入れます。

快諾をもらえたとき

「快くお引き受けくださり、ありがとうございます」「ご快諾いただき、感謝いたします」など、必ずお礼のメールを送ります。

送信	差出人	arakawa@ △△△△ .com
	宛先	○○○マナー協会　福田友紀子先生
	CC	
	件名	マナー研修のご相談
	添付	マナー研修の依頼書

○○○マナー協会
福田友紀子先生

はじめてご連絡いたします。　**①**
介護事業をしております
株式会社△△の荒川拓海と申します。　**②**
××社の企画部部長の遠藤様からご紹介いただき、
ご連絡させていただきました。　**③**

毎年、新入社員向けの研修は
社内の者が行ってまいりましたが、
来年度のビジネスマナーのプログラムについては、　**④**
専門家をお招きしてお話をしていただければと
思っております。
つきましては、ぜひ福田先生に
マナー研修をお願いできればと思います。

詳細については、添付いたしました。　**⑤**
ご多忙中、大変恐縮ですが、
ご検討のほどよろしくお願いいたします。
なお、誠に勝手ながら、11月28日（火）までに　**⑥**
お返事いただけると幸いです。

何卒よろしくお願い申し上げます。

....
株式会社△△
総務部　荒川拓海　　　　　　　　　**⑦**
〒000-0000　東京都千代田区神田○-○
TEL:03-××××-××××　FAX:03-0000-0000
Mail:arakawa@ △△△△ .com
URL:https://www. △△△△ .co.jp
....

社外メール例（催促をするとき）

❶ **件名**：催促でも、あくまでも「お願い」に。催促とストレートに書くのは NG。

❷ **名乗り**：会社名と名前（名字だけでもよい）を記します。

❸ **疑問形にして確認**：叱責せず、「その後、いかがですか」「お願いしていた〇〇はいかがでしょうか」「進捗状況を教えていただけませんでしょうか」などの疑問形で確認します。

❹ **事実と期限を伝える**：届いていない事実、いつまでに必要かの期日を伝えます。期日の理由を述べると、よりよいでしょう。

❺ **自分の確認ミスの可能性も添える**：催促していたものが入れ違いに届いていたり、自分の確認ミスの場合もあるので、「私の思い違いかもしれませんが」などの一文を添えます。

❻ **結び**：催促をするにしても、「お手数ですが」と添えると感じがよくなります。「再度、ご確認ください」「ご対応のほど、よろしくお願い申し上げます」で結んでも。

送信	差出人	arakawa@ △△△△ .com
	宛先	〇〇〇社　佐藤恭一様
	CC	
	件名	カタログ送付のお願い ❶
	添付	

〇〇〇社 営業部
佐藤恭一様

いつもお世話になっております。❷
株式会社△△の荒川です。

先日、送付をお願いしました「〇〇用品カタログ」ですが、
ご手配いただいておりますでしょうか。❸

大変恐縮ですが、まだ手元に届いておりません。
10月に新規商品を発注する予定ですので ❹
遅くとも9月10日までにお送りいただければと思います。

すでにご手配いただいておりましたら
大変申し訳ございません。❺

ご多忙中、お手数をおかけいたしますが、❻
どうぞよろしくお願い申し上げます。

……………………………………………………
株式会社△△
総務部　荒川拓海
〒 000-0000　東京都千代田区神田〇 - 〇
TEL:03-××××-××××　FAX:03-0000-0000
Mail:arakawa@ △△△△ .com
URL:https://www. △△△△ .co.jp
……………………………………………………

催促は謙虚に

その後も良好な関係を保つためにも、責めたてるような表現は避け、「まだ〜しておりません」と、遠回しに表現しましょう。

社内メール例（ミーティングの案内）

① **宛先**：複数の人に送る場合は、その中で最も役職の高い人を宛先（TO）にして、その他の人はCCにします。

② **CC**：社内の人をアドレス登録する際も、敬称や「様」を付けておきます。

③ **件名**：用件を具体的に書きます。【要返信】とカッコ付きで強調しておくと、目的がひと目でわかります。なお、上司宛ての場合は【予定お伺い】とします。

④ **宛名**：複数の人宛ての場合は、各位としてOK。

⑤ **あいさつ**：「お疲れ様です」が一般的ですが、上司に対しては「お疲れ様でございます」としたほうが丁寧です。

⑥ **名乗り**：部署と氏名を名乗ります。

⑦ **本文**：用件を簡潔に知らせます。日時、場所は箇条書きに。日程調整が必要な場合は、締め切り期日を明記します。

⑧ **署名**：社内メールの場合は、部署名と氏名、内線番号、メールアドレスを入れます。

送信

差出人	ishii@△△△△.com
宛先	販売促進課　佐藤ゆかり課長 ①
CC	販売促進課 佐藤様, 販売促進課 山田様, 営業3課 遠藤様, 営業3課 山本様 ②
件名	【要返信】新商品○○の販促会議の件 ③
添付	サンプル画像

各位　④

お疲れ様です。　⑤
営業3課の石井です。　⑥

新商品○○の販促会議は、下記のとおりです。

```
==================
日時　6月18日（木）17:00〜
場所　本社　2F会議室　⑦
==================
```

ご都合が悪い場合は、6月10日（水）17:00までに石井までご連絡をお願いいたします。
どうぞよろしくお願いいたします。

営業3課　石井正弘　⑧
TEL:03-0000-0000（内線5859）
Mail:ishii@△△△△.com

間違って他の人に送ってしまったとき

すぐに誤送信してしまった相手に電話をします。相手が出たら丁寧にお詫びをし、送ったメールの削除をお願いします。電話をしても不在の場合は、お詫びと送信メール削除のお願いのメールを送信後、改めて電話をします。

大変申し訳ございません。ただ今、誤ってメールをしてしまいました。お手数ですが、わたくしのメールを破棄していただけると幸いです。どうぞよろしくお願いいたします

パソコンからスマホに送るとき

ビジネスでは、お互い会社のパソコンのアドレスにメールを送るのがマナーです。相手から「急ぎのときはスマホ（携帯電話）に」と、アドレスを教えてもらった場合はスマホに送っても OK ですが、次の点に気をつけて送りましょう。

○ CC に会社用のアドレスを入れる

メールをいつ確認するかわからないので、会社でも確認できるようにしておきます。

○ 要点のみコンパクトに書く

機種によって異なりますが、データ量に制限があるため、長文で送るのは NG。

○ ことわりを入れる

「△△社の鈴木です。携帯電話にまでメールをお送りして申し訳ございません」と、社名と名前、ことわりを入れると丁寧です。

スマホからパソコンに送るとき

スマホに届いたメール返信や、出先で自分のスマホからメールをするときは、次のようにして送りましょう。

○ 宛名＋あいさつ＋名乗り

社外メールなら基本フォーマット同様、宛名の後、「お世話になっております。△△社の鈴木です」と、あいさつと名乗りを入れます。

○ スマホからの送信だと伝える

会社のアドレスと連動しておらず、スマホのアドレスから送るときは「外出中のため、携帯電話から失礼いたします」とことわりを入れてから、本文に入ります。

○ 改行を適宜入れる

改行をバランスよく入れることで、相手のパソコン画面から見やすくなります。

○ 希望する返信先を伝える

返信がほしい場合、そのままスマホのアドレスか、それとも会社のアドレスか、希望の返信先を書くと、その後の連絡がスムーズ。

 メール時短術

■単語登録機能を活用

単語登録機能（辞書登録機能）を使って、取引先の名称やよく使うあいさつ文を登録しておくと、最初の文字を入力するだけで自動的に呼び出されて入力の手間が省けます。

■アドレス登録はフルネームで

取引先のアドレスは、会社名とフルネームをセットで登録しておくと、単語登録機能で呼び出されたときにも見分けやすく、誤送信を防ぐことができます。

3

メールを返信・転送・添付

☑ 返信する際は、必要な箇所を引用すると、
効率よくメールのやりとりができる。

☑ 転送の目的を明記しておくと、
受け取った相手が対応に困らない。

**返信の
マナー**

メールを受信する
たびに読んで返信
していると、他の仕
事が滞ってしまう

メールのチェック
は、1時間に1回、
または出勤時と
13時と16時な
ど、時間を決めて
行うといいよ

✉ できるだけ早く返信する

受信したら返信するのが基本。遅くても翌日(土日を
はさむ場合は金曜日)までに返信を。即答できない
内容の場合、**「ご連絡をありがとうございます。○○
については、△日までにお返事いたします」**と、受信
したことと、いつ頃までに返答できるか伝えます。

✉ 件名の「Re:」の3つの扱い

❶ 返信ボタンをクリックすると、件名の頭に「Re:」がつきます。これがあると、相手も
何の用件に対する返信か認識しやすいので、**件名はそのまま変更しないで送ります。**

❷ 同じ用件で何度もやりとりすると「Re: Re: Re:」となって見にくくなるので、**「Re:」
は1つだけに整理**しておくとよいでしょう。

❸ **用件の内容が変わった場合、「Re:」は削除**し、内容に合う件名にしてそれまでの
本文を削除します。または、新規メールを作成します。

✉ 「引用」は必要な箇所を抜粋

相手のメールを引用するときはメールソフトで設定すると便利。引用部分には頭に「>」
がつきます。相手からの問い合わせや確認に対しては、その箇所の文章を抜粋、引用
して回答すると、何に対しての回答なのか明確にできます。

◎便利な返信・転送・添付機能もマナーを大切に

　送られてきたメールを何日も過ぎてから返信をしたり、送信元に確認せずに第三者と情報共有したり、容量を考えずにファイルを添付したりするのはマナー違反。相手との信頼関係を築くためにも、社内外を問わず、メールを返信・転送・添付するときは、それぞれのマナーを意識して送ることが大切です。

　また、TO（宛先）の他、CC、BCCを使うと情報共有がスムーズになりますが、それぞれの特徴を理解して使わないと、情報漏えいにつながったり、人間関係が悪くなったりするので要注意。誰と誰に送るべきか、相手に知られずに情報共有するのは誰かなど、よく考えて送るようにしましょう。

返信メール例

❶ **件名**：変更せずにそのまま送ります。

❷ **受信の連絡**：特に返答事項がない場合も、メールを受信したことを連絡します。

❸ **引用**：相手のメールの一部を引用します。

❹ **答え**：できるだけ簡潔に書きます。

❺ **結び**：「よろしくお願い申し上げます」などと、結びの言葉を入れます。

❻ **署名**：相手が連絡しやすいよう、会社名、氏名、会社の住所、電話番号、メールアドレスを記した署名を入れます。

TO: 株式会社〇〇食品　商品開発部　阿部 真様

CC:

件名　Re: 新商品のお打ち合わせの件 ❶

株式会社〇〇食品
商品開発部　阿部 真様

いつもお世話になっております。
××社の鈴木でございます。
ご連絡をいただきありがとうございました。 ❷

> 今月19日の週で、ご都合のよい日時を2つほど
> お知らせいただけますでしょうか。 ❸

こちらの都合で恐縮ですが、
以下のいずれかでお願いできると幸いです。 ❹
・5月19日（月）14時〜
・5月21日（水）16時〜

ご検討のほど、よろしくお願い申し上げます。 ❺

　　　　署　　名 ❻

転送の
マナー

✉ 元の差出人に確認を

　受信したメールを他の人（第三者）に送るのが「転送」ですが、その中には企業や個人の情報も含まれています。**情報漏えいになることもあるので、内容によっては差出人に「いただいたメールを○○さんに転送してもよろしいでしょうか」と確認してから転送**します。また、差出人の署名の個人情報は削除して送る気配りを。

✉ 件名の「FW:」と転送する文章はそのままに

転送ボタンをクリックすると、件名の頭に「FW:」または「Fwd:」が付きますが、これで相手は転送だとわかります。件名は変えず、転送する文章も加工・編集しないで送ります。書き換えると、ニュアンスが変わって話のつじつまが合わなくなったり、改ざんと思われたりすることもあるからです。

✉ 転送の理由を述べる

転送先の人に送る際、**「○○の件、次のように変更となりました。詳細を転送いたします」**などと、メールの冒頭に転送の目的・理由を書きます。また、特に対応を必要していない場合も「参考までにお送りいたします」などと入れます。

添付の
マナー

🔗 メール本文でファイル添付を伝える

「○○を添付いたしました」など、ファイルを添付していることを伝えます。受け取る側の添付ファイルの見落としを防ぐだけでなく、送るときの添付忘れも防ぐことができます。

🔗 ファイル名は内容がわかるものに

複数のファイルが添付されている場合、どれがどんな内容なのか、開かないとわからないため、必ずファイル名は内容のわかるものにします。

容量を確認する

通常の添付サイズは**2MBを目安に、最大3MBまでとするのが無難**です。3MB以上になるときは、ZIPで圧縮するか、大容量ファイル転送サービスを利用します。なお、会社によっては、セキュリティ上、決まった大容量ファイル転送サービスしか利用できない場合もあるので、あらかじめ何で送ればよいか確認しておきましょう。

重要ファイルはアクセス制限

機密性の高い重要ファイルを添付するときは、パスワード設定をしてアクセス制限をかけます。**「パスワードは、別便で送ります」と明記**し、添付ファイルとは別のメールで送ります。また、添付ファイルのウイルスチェックも忘れずに。

送信先の相手の環境に合わせる

パソコンの機種、容量により、ファイルの種類である拡張子（docx、pdf、jpgなど）が開けないというトラブルを防ぐためにも、添付ファイルを送る前に、相手のネット環境を確認しましょう。

TO、CC、BCCの違い

TO （宛先）

- ○メールを送る相手のアドレスを入れる。
- ○メール内容を見てほしい主担当者に送る。

返信義務 ○

CC付きで送られてきた場合、CC欄の全員に返信（「全員に返信」ボタンで送信）する。

本文の宛名の人の下にCCの人も明記

○○会社
佐々木優人様
(CC: 木村花梨様)

CCの受信者が複数いる場合は役職順に、並び順が難しい・人数が多い場合は「CC:関係者各位」としても

CC （Carbon Copyの略）

- ○TO（宛先）以外のアドレスを入れる。
- ○情報を共有したい人のアドレスを入れる（複数可）。
- ○上司など、同時に報告したい人に送る。
- ○TO（宛先）の人もCC欄の人は、誰にメールが送られているかがわかる。
- ○チームで仕事をしているときや、社内連絡のときなどに使われる。

返信義務 △

内容によっては返信することもある。

BCC

（Blind Carbon Copyの略）

- ○情報を共有してほしいが、TO（宛先）やCCの人には知られずに送りたい人のアドレスを入れる。
- ○TO（宛先）、CC、他のBCCの人には、BCCの人のアドレスが表示されない。
- ○他の受信者がいることを隠したい、アドレスがわからないようにしたいときに使う。

返信義務 ✕

ビジネス文書のマナー

4

知っ得ポイント

- ☑ 「1文書1用件」を原則に、A4用紙1枚に収まるよう正確＆簡潔に書く。

- ☑ わかりやすいビジネス文書を作成すると、相手に信頼感や安心感を与え、評価アップにつながる。

ビジネス文書の基本ルール

ビジネス文書に間違いがあってはなりません。パソコンの画面上だけでなく、プリントアウトして確認します。その後、上司のチェックを受けてから送るようにしましょう。

A4サイズに横書きで

A4用紙を縦長に使い、横書きで作成するのが基本。上下左右に余白を取り、文字の大きさは10ポイント程度、1行は38字以内にすると視覚的に最も読みやすいです。コピーや保存がしやすいよう、できるだけ1枚に収めます。

1文書につき1用件

1つの文書に用件は1つが原則。なぜなら、1つの文書に複数の用件を書くと、主旨や目的がわかりにくくなり、後で確認をする際に混乱したり、見落としたりするからです。

ビジネス文書の種類

【社外文書】（P186参照）

取引先など、社外に向けて発信する文書。差出人が、部署名や個人名でも「会社を代表して出す文書」なので、内容によっては会社のイメージに影響します。

【社内文書】（P194参照）

社内で交わされる文書。本社と支社間、部署から社員への告知、連絡などでやりとりされます。発信者は責任者の役職名にするのが一般的です。

◎ 読み手を気づかった「わかりやすい」文書に

　ビジネス文書は、さまざまな業務で使われるオフィシャルな文書です。情報を文書にして関係者に伝達するほか、内容を記録・保管する役割もあります。そのため、誰が読んでも同じ内容と理解できる文面でなくてはいけません。

　正確かつ簡潔な文書を作成するには、フォーマット（ひな型）を利用すると便利です。同じ目的またはよく似た目的で作成された文書がないか、上司や先輩に聞いて入手しましょう。ひな型があれば、それを応用するだけでスムーズに作成できます。きちんとしたビジネス文書は、相手に信頼感、安心感を与えます。ルールにのっとった、わかりやすい文書の作成を心がけましょう。

件名はひと目で内容がわかるものに

　「案内」「依頼」「請求」など、この文書が何を目的としたものなのか、ひと目でわかる件名にします。相手にわかりやすいほか、後で自分が確認するときもスムーズです。

結論は最初に述べる

　報告書や提案書、企画書などは、読み手が文書の内容をすぐに認識できるよう、結論や要点を先に書き、その結論に至った理由や詳細を述べます。

簡潔にまとめる

　不要な情報や、まわりくどい言い方を避け、要点を短くまとめます。また、一文が長いと読みにくいので、内容の変わり目で改行しましょう。

正しい敬語を使う

　社外文書は、全て敬語で統一し、人の呼称や敬称にも気をつけましょう。社内文書は「です・ます」で終わる丁寧語を使います。

必要な情報を正確に伝える

　伝えたい情報を漏れなく記載します。誰が読んでも同じ内容にするためにも、読み手によって受け止め方が異なるあいまいな表現は避けます。

記書きは正確に

　案内や通知などには、日時、場所、問い合わせ先のアドレスや電話番号などを記した「記書き」を用います。間違えると多方面に迷惑がかかるので、念入りに確認します。

5

社外文書の書き方

☑ 「頭語・結語」や「時候のあいさつ」を入れた、
前文 + 主文 + 末文という構成で作成。

☑ 社外に出す文書でも、商取引に関する文書と、
おつき合いの社交文書では作成の形式が違う。

社外文書作成のポイント

商取引に関する文書は横書き、社交文書は縦書きが一般的

　ビジネス文書の基本は横書きですが、社交文書のような儀礼的文書は縦書きにします。

時候のあいさつを入れる

　季節に適したフレーズを入れます。なお、「時下」は全ての季節で使えます。

頭語・結語は正しい組み合わせで用いる

　頭語と結語は対になっていて、組み合わせが決まっています。

より丁寧な表現を心がける

　「お願いします」→「お願い申し上げます」など、相手を敬う表現に。

頭語と結語

頭語	結語	用途
拝啓	敬具	一般的な文書
謹啓	謹白・謹言・謹上	特に丁重で改まった文書
前略	草々	急ぎのときや、略式の文書のとき
拝復	敬具	返信の文書

◎社外文書は形式に沿って礼儀よく

社外文書は、会社を代表して取引先やお客様などに出すもの。失礼がないよう、形式や言葉づかいに気をつけて、情報を正確かつ簡潔に伝えることが大切です。社内のフォーマット（ひな型）があれば、それに従います。

文書は「前文＋主文＋末文」の形式で構成するのが基本。前文は「拝啓」などの頭語、時候のあいさつ。主文は結論を最初に述べた後に理由や背景を説明し、末文は結びのあいさつと「敬具」などの結語で締めます。なお、社外文書には、「案内」「依頼」などの商取引に関する文書と、取り引き先の担当者との関係を良好に保つための社交文書があり、作成の形式が多少異なります。

時候のあいさつ

立春、大暑など、暦に関するものは、その年の何月何日になるかを調べてから送って！

1月	新春の候 / 厳寒の候 / 例年になく暖かい日が続いておりますが
2月	立春の候 / 余寒の候 / 立春とは名ばかりの寒さですが
3月	浅春の候 / 春分の候 / 春まだ浅い今日この頃でございますが
4月	陽春の候 / 春暖の候 / 桜花の季節となりました
5月	新緑の候 / 薫風の候 / 風薫る心地よい季節となりました
6月	梅雨の候 / 初夏の候 / 梅雨の長雨が続いておりますが
7月	盛夏の候 / 大暑の候 / いよいよ夏本番となってまいりました
8月	立秋の候 / 残暑の候 / 立秋とは名ばかりの酷暑が続きますが
9月	初秋の候 / 名月の候 / 九月とはいえまだ暑い日が続きますが
10月	仲秋の候 / 紅葉の候 / すっかり秋めいてまいりました
11月	晩秋の候 / 向寒の候 / 枯れ葉舞う季節となりました
12月	初冬の候 / 師走の候 / 本年も残すところわずかとなりました

社外文書の基本フォーマット【案内状】

① 文書番号：文書を管理、検索しやすいよう会社のルールにもとづいて番号を付けます。なお、文書番号を使用しない会社もあります。

② 発信日付：元号が一般的ですが、西暦を使う場合もあります。

③ 宛先：(株)と略さず社名を記します。特定の相手の場合、役職、氏名を記します。

④ 差出人名：会社名、部署名、役職名、氏名、連絡先を記します。

⑤ 件名：内容を簡潔に明記します。

⑥ 前文：頭語 + 時候のあいさつを入れた、あいさつ文を入れます。

⑦ 主文：文書の用件を述べます。書き出しは「さて」が一般的。

---

① 営 22-10226
② 令和 3 年 9 月 2 日

○○○○株式会社
営業部
部長　木島洋一様 ③

△△△商事会社
営業部
部長　吉岡　翔
④ 東京都千代田区神田 X-X-X
TEL:03-XXXX-XXXX
FAX:03-XXXX-XXXX
MAIL:s-yoshi@ ○○ .co.jp

【頭語】　⑤ 新製品発表会のご案内

⑥ 拝啓　初秋の候、貴社ますますご隆盛のこととお慶び申し上げます。
　また、平素は格別のご高配を賜り、厚く御礼申し上げます。
⑦ さて、このたび弊社では、△△の新シリーズの商品を発売することになりました。
⑧ まずは日頃ご愛顧いただいております皆様に、ご覧いただきたく、下記の通り、ご案内いたします。
　ご多忙とは存じますが、ご来場いただけますよう、何卒よろしくお願い申し上げます。

敬具

記　　　　　　　↑
【結語】

⑨
1. 日時　10 月 20 日（水）　13:00 ～ 15:00
2. 場所　東京○○○ホテル　△△の間

お問い合わせ先　☎ 03-××××-××××

以上

---

⑧ 末文：締めくくりの文で、書き出しは「まずは」が一般的。最後は結語で締めます。

⑨ 記書き：用件の詳細を箇条書きで記載し、最後は「以上」で締めます。

宛先	敬称	例
会社や団体	御中	○○○会社御中
複数の相手	各位	関係者各位・担当者各位
個人	様	木島洋一様 ※役職があれば名前の前に入れる。

前文のあいさつ例

① ①頭語 + ②時候のあいさつ + ③相手の繁栄を喜ぶ
または健康を気づかう言葉

会社、団体宛て

「拝啓　晩秋の候、貴社ますますご隆盛のこととお慶び申し上げます」

①　　１字あける　　②　　　　貴店 / 貴行　　ご発展 / ご隆昌　　③
１字あける

個人宛て

○○様

「拝啓↓晩秋の候、貴殿におかれましてはますます

① １字あける　②　↓　　　③

ご健勝のこととお慶び申し上げます」

↑ご清祥

② 感謝のあいさつ

「平素は格別のご高配を賜り、厚く御礼申し上げます」
「日頃は格別のお引き立てを賜り、厚く御礼申し上げます」

末文のあいさつ例

▶ 用件をまとめる場合

「まずは取り急ぎ、用件のみ申し上げます」
「まずはご連絡申し上げます」

▶ 会ってあいさつすべきところを書面でする場合

「まずは略儀ながら、書中をもってごあいさつ申し上げます」
「まずは書中をもちまして、御礼申し上げます」

信頼される文書づくりの
ために、決まったフレー
ズをマスターしておこう

令和 3 年 5 月 14 日

△△△大学
教授
山本かおる先生 ❶

○○株式会社
広報部　宮田 凛
東京都豊島区池袋 X-X
TEL:03-XXXX-XXXX
FAX:03-XXXX-XXXX
MAIL:miyata@ ○○ .co.jp

ご講演のお願い

❷ 拝啓　新緑の候、山本先生におかれましてはますますご健勝のこととお慶び申し上げます。不躾にも、突然のお手紙を差し上げる非礼をお許しください。

❸ 弊社は、介護ロボットの研究開発および販売の会社です。

　このたび、社会福祉事業関係者を対象に介護ロボットの普及促進を図るため講演会を企画いたしました。

　つきましては、認知情報学の第一人者としてご活躍中の山本先生に、ぜひご講演をお願いできればと思っております。詳細は、別紙の企画書のとおりです。

　ご多忙中、大変恐縮ですが、ご検討をお願い申し上げます。

　何卒よろしくお願い申し上げます。

敬具

記

❹
日時（予定）　令和 3 年 9 月 10 日（金）　13:00 〜 14:00
場所　　　　東京○○○会館　Aホール（東京都千代田区丸の内 X-X-X）
テーマ　　　『介護ロボットの現在と未来』
謝礼　　　　○○ , ○○○円

以上

★文書番号が必要な場合は、会社のルールに従って入れます。

❶ 先生と呼ばれる人には、「様」ではなく「先生」としても OK です。

❷ 初めて送る相手には、あいさつの後、突然の手紙を送ることについてのお詫びの一文を入れます。

❸ 面識のない人への依頼には、何をしている会社かを簡単に説明した上で、依頼したいことを具体的に書きます。

❹ 講師を依頼する場合は、講演会の日時、場所、テーマ、謝礼、対象などを具体的に箇条書きでまとめます。謝礼は、相手の検討の目安にもなるので必ず明記を。また、さらなる詳細がわかるよう、企画概要などを別途同封すると丁寧です。

社外文書例【礼状】

令和3年9月13日

○○○会社
マーケティング部
佐藤芳郎様

株式会社○○○○
企画部　池田咲希
東京都千代田区神田神保町 X-X
TEL:03-XXXX-XXXX
FAX:03-XXXX-XXXX
MAIL:ikeda@○○.co.jp

❶

❷ 謹啓　時下ますますご健勝のこととお慶び申し上げます。

❸ さて、先日はご多用の中、弊社主催の○○セミナーでご講演を賜りまして誠にありがとうございました。非常にわかりやすく楽しいご講演で、社員一同、○○の知識をより深めることができたと喜んでおります。

　今後ともより一層のご指導とご厚誼を賜りますようお願い申し上げます。

❹ まずは略儀ながら、書中をもって御礼申し上げます。

謹白

❶ 礼状には件名を入れません。

❷ 「時下」は、季節を問わず使える時候のあいさつです。

❸ 本文の用件部分である主文は、1字落として「さて」から書き始めます。お世話になったことを自分の言葉でお礼を述べ、感謝の気持ちを伝えます。

❹ 略儀のことわりは、「本来なら出向いてあいさつをすべきところ、書面で失礼いたします」という意味。略儀のあいさつで締めくくり、最後に結語を入れます。

礼状のポイント
- 礼状は日をおかず、できるだけ早く出します。
- 贈り物をいただいた場合、3日以内に礼状を出すのがマナー。
- お願いしたこと、お世話になったことについてお礼を述べます。

❶ 令和3年6月2日

株式会社○○
経理部
秋本響子様

○○株式会社
営業部　佐野一馬
東京都新宿区早稲田 X-X-X
TEL:03-XXX-XXXX
FAX:03-XXXX-XXXX
MAIL:sano-k@ ○○ .co.jp

請求金額誤記のお詫び

　謹啓　時下ますますご清栄のこととお慶び申し上げます。
平素は格別のご高配を賜り、厚く御礼申し上げます。

❷ さて、弊社から先日お送りいたしました請求書（No.1234-abc）の金額に誤りがございましたこと、深くお詫び申し上げます。これは弊社の入力ミスによるものです。大変申し訳ございません。今後はこのような間違いがないよう、データ入力時には細心の注意を払い、チェック体制を見直し、再発防止に努めて参ります。何卒ご理解のうえ、今後ともよろしくお願い申し上げます。

　つきましては、訂正した請求書を改めて同封させていただきますので、ご査収ください。

　なお、大変お手数ではございますが、誤りのある請求書は破棄してくださいますようお願い申し上げます。

❸ 取り急ぎ書中をもってお詫び申し上げます。

謹白

❶ 誤りに気付いた時点ですぐに電話で謝罪し、詫び状をできるだけ早く送付します。

❷ 誤りがあったことと、お詫びの言葉を率直に伝えます。過失がある場合は原因を明確にして丁重にお詫びします。今後、同じミスが発生しないよう、防止策を述べた後、今後も変わらぬおつき合いをお願いします。

❸ 急いでお詫びの気持ちを伝えたい旨を示します。

**詫び状の
ポイント**

● お詫びは、直接会ってお詫びをするのが基本。
● 迅速な対応後、改めて書面で事情説明と謝罪の気持ちを伝える。
● 謙虚な気持ちで謝罪。言い訳は NG。

社外文書例【異動のあいさつ状】

① 頭語＋時候のあいさつの基本フレーズを入れます。

② 自分のことを述べる場合、主語は行末にくるようにします。

③ これまでのお礼を述べます。特にお世話になった人には、自分の言葉で感謝やお礼の言葉を述べるのがベター。

④ 後任の紹介をして、相手に安心感を与えます。

⑤ 今後の決意や厚誼を願うあいさつを述べます。

⑥ 本来なら出向いてあいさつすべきところを書面で失礼することのお詫びを入れ、結語で締めます。

「異動のあいさつ状」は、社外文書の中でも「社交文書」になるよ

---

① 拝啓　初夏の候、ますますご清祥のこととお喜び申し上げます。

② さて、私こと

このたび大阪支社営業部勤務を命ぜられ、六月一日に着任いたしました。

③ 名古屋営業所在任中におきましては、大変お世話になりました。厚く御礼申し上げます。

④ 後任には、△△が参ります。私同様ご指導をお願い申し上げます。

⑤ 今後は大阪で気持ちを新たに努力する所存です。今後とも変わらぬご指導ご鞭撻を賜りますよう、お願い申し上げます。

⑥ まずは略儀ながら、書中をもってご挨拶申し上げます。

敬具

令和三年六月十日

○○○食品株式会社大阪支社営業部
佐々木雄一郎

社交文書の特徴

● 縦書きが一般的。
● 文書番号や件名は省略。
● 文章は相手との親密度に合わせる。「異動のあいさつ」も、個別のお礼として「追伸」で思い出を1～2行プラスしても。
● タイミングよく出す。

6 社内文書の書き方

知っ得ポイント

☑ 「頭語・結語」や「時候のあいさつ」は省略。

☑ 社外向けとは違うので、
丁寧な表現は最小限でよい。

社内文書作成のポイント

「頭語・結語」および「時候のあいさつ」は省略する

「拝啓・敬具」などの頭語・結語や、「早春の候」などの時候のあいさつは省略し、本文に入ります。

尊敬語ではなく丁寧語で作成する

「〜でございます」→「〜です」、「お願い申し上げます」→「お願いいたします」とし、丁寧な言い回しは最小限にします。

簡潔に要点をまとめる

文章は、主語と述語を明確にし、正確かつ簡潔にまとめます。

> 社外文書と違って社名や住所、電話番号もなくてOK。案内の通知などは、問い合わせ先として、担当の氏名、内線番号、メールアドレスを入れて!

社内文書の主な種類

指令や命令	辞令、通知文、指示文
報告や届け出	報告書、申請書、企画書など
連絡、調整など	案内文、回覧文、照会文など
承認を得る	稟議（りんぎ）書
過失を謝罪	始末書
記録	議事録

◎社内文書は、正確・簡潔を基本にまとめる

　社内文書は、社内で交わされる文書で、本社と各支社、経営幹部から各部署、総務部から各社員などでやりとりされるものです。報告書や案内状のほか、さまざまな種類の社内文書があり、多くは会社ごとにフォーマットがあるので、それをもとに作成します。

　社内の人向けの文書なので、取引先の人向けの社外文書で使う前文のあいさつは必要ありません。すぐに本題に入り、ビジネス文書の基本どおり正確かつ簡潔にまとめます。また、過度な敬語は使わず、文面は「です」「ます」調の丁寧語で作成します。

社内文書基本フォーマット【通知】

❶ **文書番号と日付**：文書番号は保存・整理するものなので、その必要がない文書には入れなくてもかまいませんが、会社のルールに従います。発信日は、発信当日の日付を入れます。

❷ **宛名**：全社員は「社員各位」、部署単位は「総務部各位」などに。個人への通知は、部署名、役職名、氏名に「殿」「様」を記入。

❸ **差出人名**：発信する部署名（人事部、営業部など）、または役職、担当者名などを入れます。

❹ **件名**：ひと目でわかる件名にします。

❺ **用件**：頭語・結語、時候のあいさつなし不要。用件を簡潔に伝えます。

❻ **特記事項**：内容とは別に記した後、担当者と連絡先を明記します。

---

❶ 総 21-4913
令和 3 年 5 月 20 日

❷ 社員各位

❸ 総務部

❹ 定例研修会開催のお知らせ

❺ 定例研修会を下記の通り開催いたします。
　今回のテーマは『個人情報の保護について』です。この機会に個人情報の取り扱いについて、再度、理解を深め、徹底していきたいと思います。

記

1. テーマ　『個人情報の保護について』
2. 日時　　6 月 10 日（水）　13:00 ～ 15:00
3. 場所　　第一会議室
4. 講師　　小川真也氏（○○協会　上席研究員）

❻ ●原則全員出席となりますが、
都合の悪い人はご連絡ください。
担当：総務部　中島優花
（内線 278/Mail:nakajima@ ○○ .com）

以上

手紙・はがきのマナー

- ☑ 手紙やはがきでの礼状やはがきでのあいさつ状は、誠実な人だと思われ、相手に好印象を与える。

- ☑ 達筆でなくても、礼儀正しい文面で1文字ずつ丁寧に書けば、気持ちは伝わる。

手紙・はがきを書くときのポイント

頭語・結語を入れる

　年賀状や暑中見舞いなど季節のあいさつ状を除き、手紙もはがきも「拝啓」「前略」などの頭語で始まり、「敬具」「草々」などの結語で終わる形式にします。

時候のあいさつを入れる

　メールと違い、手紙とはがきには、必ず時候のあいさつ（P187参照）を入れます。

礼状は早く送る

- ●お中元やお歳暮の礼状 ⇒ 贈り物が届いてから
- ●仕事でお世話になった人への礼状 ⇒ お世話になった出来事から

3日以内に投函するのがマナー

◎気持ちが伝わりやすい手紙やはがきを上手に使う

メールでほとんどが事足りる現代ですが、ビジネスにおいては今も手紙やはがきは有効に使われています。簡単に送れるメールと違って手間も時間もかかる分、逆に丁寧な印象を与えるからです。

特に、仕事でお世話になった人への礼状は、メールやビジネス文書ではなく、直筆の手紙で送ると、相手に感謝の気持ちが伝わりやすく、好感が持たれます。ただし、形式に沿わない無礼な文面で書いては台無し。手紙やはがきの書き方のルールに従い、適切な敬語を用いて、丁寧に1文字ずつ書いていくようにしましょう。

はがきはスペース内に バランスよく書く

限られたスペース内できれいに収まるよう、文字の大きさや配分を考慮して書きます。最後にいくほど文字が小さくなるのは避けます。

封筒・便箋、筆記用具の選び方

◎ 茶封筒は事務的な用途で使われるため、封筒も便箋も白地のシンプルなものにします。
◎ 儀礼的な手紙を書くときは、万年筆（黒かブルーブラックのインク）、黒の細いサインペンがベスト。

模様入りの便箋を使ったり、鉛筆で書くのはNGだよ

[ビジネスの手紙]

● パーティーや発表会、式典などの招待状
● 代表者の変更、移転、開店などの案内状
● 礼状、詫び状　　　　　　　　　　など

[ビジネスのはがき]

● 年賀状、暑中見舞いなど季節のあいさつ状
● 移転、開店などの案内状
● パーティーやイベントなどの出欠確認　など

❶ 頭語のあとに1文字分あけて時候のあいさつを入れ、最後は結語で締めます。

❷ 手紙の主旨である主文は「さて」から書き始めます。

❸ 締めくくりに今後の協力をお願いする言葉を書きます。

❹ 「書中にて」または「まずは書中をもちまして」と書くことで、お礼をいち早く伝えたい気持ちを伝えます。

❺ 手紙を書いた日（発送する日）を記します。お礼は早く伝えるのがマナーなので、出張から帰った次の日に書いて送るのがベスト。

❻ 敬具の下の文字に揃えて、自分の会社名と氏名を書きます。

❼ 文の頭に揃えて、相手の会社名、役職、氏名＋様を書きます。

---

❶ 拝啓　日ごとに秋が深まる今日この頃、横川様におかれましてはますますご健勝のこととお慶び申し上げます。

❷ さて、先日の名古屋出張の折には、大変お世話になりました。深く感謝いたします。

横川様のおかげで、普段は立ち入ることのできないホテルの厨房を拝見することができ、食材の管理やスタッフの衛生教育など、とても勉強になりました。

❸ システムづくりのため、引き続きお力添えをいただけますと幸いです。今後とも何卒よろしくお願いいたします。

❹ まずは書中をもちまして厚くお礼申し上げます。

敬具

❺ 令和三年十一月八日

❻ 株式会社○○○○

久本悠太

❼ △△△株式会社

部長　横川純一郎様

198

はがきの文例

お歳暮の礼状
（会社→会社）

❶ 頭語・結語のあいさつを入れます。

❷ 時候のあいさつの後、相手の繁栄を願う言葉を入れます。

❸ 1文字あけて「さて」から本題に入り、お礼を伝えます。

❹ 差出人の名前は、オモテ面に書いてもかまいません。

※礼状は、本来、手紙を送りますが、親しい間柄の会社間ではお中元やお歳暮の礼状ははがきで送ることがあります。

令和三年十二月十日

❹ 株式会社○○○○○
○○○○
敬具

❶ 拝啓　師走の候　貴社ますますご隆盛のこととお慶び申し上げます。平素よりお引き立てを賜り、厚く御礼申し上げます。

❸ さて、このたびは大変結構な御品を頂戴し、誠にありがとうございました。いつもお気遣いをいただきますこと、心より感謝しております。

今後とも変わらぬご厚誼を賜りますよう、お願い申し上げます。

まずは略儀ながら、御礼申し上げます。

年賀状（上司宛て）

❶ 右記の賀詞のほかには「謹賀新年」を使います。

❷ 昨年のお礼と今年の厚誼を願う言葉を入れます。

こんなことにも気をつけて

- 「迎春」「賀正」は丁寧な言葉ではないので、目上の人には使わない。
- 終わりや区切りの意味を持つ句読点（、。）は年賀状にふさわしくないため入れない。
- 年賀状を出していない人から届いたら必ず返礼を。
- 松の内（1月1日〜7日）を過ぎてから相手に届きそうな場合は「寒中見舞い」に。

令和四年　元旦

❶ 明けましておめでとうございます

❷ 旧年中は大変お世話になり、ありがとうございました

まだまだ未熟ですが、加藤部長はじめ先輩方を見習いながら、成長していきたいと思います

本年もよろしくご指導ご鞭撻くださいますようお願い申し上げます

8

封書・はがきの宛名の書き方

☑ 相手が一番に目にする住所、社名、役職、
　氏名は、最新の情報を確認した上で正しく書く。

☑ 宛名は形式に沿ってバランスよく書くと、
　きちんとしている人という印象を与える。

和封筒の書き方

オモテ

〒0000-000

❹ 田中健太郎　様

❸ 部長

❷ ○○○商事株式会社　営業部

❶ 東京都千代田区神田○○○三丁目二番五号

❶ 住所は2行目以降、1行目より1字下げる。漢数字が基本。丁目や番ではなく三-二-五でも。

❷ 会社名、部署名は住所の1行目より1文字下げ、やや小さな文字で正式名称を書く。

❸ 役職は、名前の右に小さめに入れる。

❹ 名前は、住所より1文字下げ、封筒の中央に大きめに書く。

ウラ

❶ ✕

❷ 東京都新宿区○○○五丁目四番三号　岡田ビル
　株式会社△△△　企画開発部　岡田凪沙
　高橋凪沙

〒0000-000

❸ 令和○年○月○日

❶ のりで封印し、「〆」と書く。

❷ 差出人名は、中央より左側に下揃えで書く。名前はやや大きめに。

❸ 封かん日を入れる場合は、封筒の左上に元号で表記。

◎相手が最初に目にする宛名は、間違いがないよう注意

　手紙やはがきを受け取ったとき、最初に目にするのが宛名です。社名にある中黒（・）や音引き（ー）が抜けていたり、課長から部長に昇進している人が前の役職になっていたりすると、相手はよく思いません。宛名を書く際は、住所はもちろん、社名、部署名、役職、氏名を十分に確認します。

　また、バランスのよい文字の大きさと配置を心がけることも大切です。住所や部署名、役職の後、氏名を大きく書きます。㈱の略称を使う、姓だけで名前を入れないのはNG。宛名の書き方一つで信用を失うのはもったいないことです。基本的なルールを知って、失礼のないようにしましょう。

洋封筒の書き方

オモテ

0000-000

① 東京都千代田区神田○○○3丁目2番5号
② ○○○○商事株式会社　営業部
③ 部長　④ 田中健太郎　様

① 1、2、3……算用数字で統一。丁目や番ではなく3-2-5でも。住所は2行目以降、1行目より1字下げる。

② 会社名、部署名は住所の1行目より1文字下げ、やや小さな文字で正式名称を書く。

③ 役職は、名前の左に小さめに入れる。

④ 名前は、封筒の中央に大きめに書く。

ウラ

❷ 令和○年○月○日

❶ 000-0000
東京都新宿区○○○5丁目4番3号
岡田ビル
株式会社△△△　企画開発部
高橋凪沙

❶ 左右中央下に差出人名を書く。名前はやや大きめに。

❷ 封かん日を入れる場合は、封筒の左上に元号で表記。

封を閉じるときは、必ず「のり」で！ セロハンテープやホチキスで留めるのはNG

0000-000

東京都千代田区神田○○○3丁目2番5号
スカイビル7階

○○○○商事株式会社 御中 ❶

❷請求書在中

会社ロゴ、連絡先

会社の封筒で書類などを送るとき

❶ 会社、部署宛ての場合は「御中」とする。

❷「請求書在中」「写真在中」など、内容を表示する場合、縦書きの場合は切手から少しあけたところに、横書きの場合は社名や氏名からややあけた下に記す。

0000-000

❶東京都中央区○○○○三丁目二番五号 オーシャンビルディング1002

❷株式会社○○商事 システム管理部

❸川久保 蓮 様

❹東京都豊島区○○○一丁目七番五号 △△△△株式会社 営業部 本木陽太

0000-000

はがきの書き方

縦書き

❶ 住所は2行目以降、1行目より1字下げる。漢数字が基本。丁目や番ではなく、三-二-五でも。

❷ 会社名、部署名は住所の1行目より1文字下げ、やや小さな文字で正式名称を書く。役職は、名前の右上または上に小さめに入れる。

❸ 名前は、封筒の中央に大きめに書く。

❹ 差出人は、できるだけ郵便番号の幅に収まるように下揃えで書く。名前は住所より大きめに。

横書き

0000-000

宛名

❷差出人名

❶ 洋封筒と同様に宛名を書く

❷ 右下に差出人の住所、社名、部署名、氏名を書く。

出欠はがきを出すとき

オモテ

〒 0000-000

神奈川県横浜市〇〇〇二丁目三番四号

大久保 光太郎 <del>行</del> 様

東京都杉並区〇〇〇三丁目九番
株式会社△△△ 企画部
小川大輝

〒 0000-000

ウラ

<del>ご</del>出席

<del>ご欠席</del> させていただきます

創立〇〇周年、おめでとうございます。大変恐縮ですが、当日は出張のため、欠席させていただきます。

<del>ご</del>住所　東京都杉並区〇〇〇三丁目九番

<del>ご芳</del>名　小川大輝

❶「行」を二重線で消して、左横に「様」と書く。会社宛ての場合は、「御中」と書く。

❷ 差出人の連絡先は、中央より左側に下揃えで書く。

❶ 出欠のいずれかにマルをつけ、「ご」を二重線で消す。「ご出席」「ご欠席」のどちらかを二重線で消す。

❷ 欠席の場合は下に「させていただきます」、出席の場合は、下に「いたします」と書き添える。

❸ メッセージを書く。欠席の場合は、理由を簡単に書く。

❹「ご」「ご芳」を二重線で消し、住所と名前を書く。

[出欠はがきのマナー]

● 出欠はがきは、ボールペンではなく、黒のサインペン、黒の万年筆、毛筆や筆ペンで書きます。

●「ご」「ご芳」「御」の文字は、二重線で消します。

● 会社宛てに届いた場合は、社名、部署名、氏名を書きます。

● 届いたら、なるべく早く出欠の返事を出します。

9

FAX を送信するとき

☑ 受け取った人が誰宛てのFAXかすぐ
わかるよう、「送信票」をつける。

☑ 送信後、相手が受け取ったどうかを
電話で確認すると安心。

FAX のマナー

- 不特定多数に見られる可能性があるので、機密書類はFAXしない。

- 誰宛てのものなのかがわかるよう、必ず1枚目に「送信票」(右ページ参照)をつけて送る。

- FAX番号は間違えずに送ること。違う会社や個人宅に送っても間違いに気づきにくく、全文を読まれてしまうリスクがあることを忘れずに。

FAX の送り方　(FAX機能付きの複合機の例)

1 コピーするとき同様に、自動送り装置では原稿を上向きに、原稿台ガラスでは原稿を下向きにしてセットする。

2 ディスプレイにFAXボタンがあれば、そこを押し、送付先のFAX番号を入力し、ディスプレイの番号を確認後、送信ボタンを押す。原稿が読み込まれる。「0」発信の場合は、市外局番の前に0を入力。0を忘れて送ると誤送信され、情報流出のリスクが高くなるので注意を。

★機種により、操作は異なります。

◎レアなものだから知っておきたい使い方とマナー

　今では、手書きの資料や地図なども、PDFにしてメールで送ることができます。そのため、FAXを利用する会社も少なくなっていますが、FAXでのやりとりを希望する方や取引先もいます。新人のうちに、FAXの送り方、そしてマナーは覚えておくと、いざというとき、あわてずにすみます。

　会社の機種によって操作法は異なるので、まずは先輩に「FAXの使い方を教えていただけませんでしょうか」と言って教えてもらいましょう。

　また、FAXは誰が最初に見るかわかりません。誰宛てのものかが、ひと目でわかるよう1枚目に送信票をつけて送るのがマナーです。

FAX 送信票例　　会社のフォーマットがあれば、それを使用します。

FAX 送信票

送信日 2022 年 10 月 1 日

❶
〇〇〇〇株式会社
課長　上田聡一郎様

　　　　　　　　　　❷ 株式会社〇〇〇〇
　　　　　　　　　　　開発部　木内さくら
　　　　　　　　東京都千代田区神田〇〇 3-2
　　　　　　　　TEL:03（〇〇〇〇）〇〇〇〇
　　　　　　　　FAX:03（〇〇〇〇）〇〇〇〇

❸
本票を含め、全〇枚お送りいたします。

いつもお世話になっております。❹
下記の件につきまして、FAXを送付いたします。
ご査収のほど、よろしくお願い申し上げます。❺

❻
〇〇〇発注書

□ご確認ください。
□ご査収後、ご連絡ください。
□こちらから、お電話いたします。

❶ 送信先の社名、部署名、担当者の氏名。

❷ 発信元の連絡先。電話番号は必ず記入します。

❸ 「送信枚数〇枚（送信票を含む）」または「送信票を含まず〇枚」とします。

❹ 通年使えるあいさつ文を書きます。

❺ ご査収とは「よく調べて受け取ってください」という意味。

❻ 送信する内容がひと目でわかるようにします。いくつかチェックボックスを作成し、希望する内容にチェックできるようにしてもよいでしょう。

Word、Excel、Power Pointの使い分け

仕事でよく使われるソフトの特徴を知った上で、上手に使い分けましょう。使い方は、先輩に聞くかネット検索などで覚えていきましょう。

Word

【特徴】

- 文書作成に最適。
- 報告書、仕様書、レポート、マニュアルなどの文書作成に使う。
- 行間、段落を自動調整できる。
- 表や図形の作成も可能。
- 画面に配置された見た目通りに印刷できる。

Power Point

【特徴】

- プレゼンや企画書の発表資料としてスライド形式で作成できる。
- 作成資料は、そのままプロジェクターやパソコンの画面に投影・表示して相手に説明ができる。
- 社内における報告書や企画書の資料として作成し、印刷して配布もできる。
- スライドには、表、グラフのほか、図、イラスト、写真などの画像データを貼り込めて、見映えのよい資料を作成できる。

Excel

【特徴】

- 表の作成、表計算、データ集計、分析に最適。
- 見積書や顧客リスト、経費の明細などの計算、グラフ作成に使う。
- セル単位で表示を変更できる。
- 数値データに基づいて、グラフ作成ができる。

PART 8

いざというとき困らない！ 人づき合いの マナー

BUSINESS MANNER

会食のマナー

1

知っ得ポイント

☑ 会食は一緒に食事をしながら取引先の人を知り、信頼関係を築くもの。

☑ 接待は、相手をもてなすものなので気配りを忘れない。

会食でのポイント

席次は取引先の人を上座にするのが基本

入口から最も遠い席が上座、入口から最も近い席が下座です。接待する場合、取引先で役職の上の人から上座に案内します。スマートに案内すれば、マナーを心得た人だと好印象を持ってもらえます。なお、接待される場合は、勧められた席に座ります。打ち合わせ後に行う親睦会のような会食の場合でも、目上の人は上座、新人や若手は下座に座ります。

食事中はビジネスの話を避ける

会食は、仕事の延長ですが、食事中は仕事の話をするのは避けましょう。当たり障りのない天候や趣味などの話が無難。プライベートに深く立ち入る話はタブーです。相手が楽しめる話題を提供しながら会話を進めましょう。事前に相手のことをリサーチしておくと会話がはずみます。黙っていたり、自分のことだけを話し続けたりすると、相手から不信感を持たれかねません。

ご趣味は釣りなんですね。
海釣りですか?

◎会食の席では失礼がないよう気配りを

　ビジネスにおける「会食」とは、一緒に食事をしながら親交を深め、信頼関係を築くのが目的です。取引先の人を食事に招待する場合は、これが「接待」という言い方になります。接待は、日頃の感謝やさらなる関係強化をはかることを目的に、相手をもてなすものです。

　いずれにしても、仕事と直結しているという意識を持ち、食事や酒席の場では取引先の人や上司を立てて、気持ちよく過ごしてもらう気配りをすることが大切です。相手を知り、また自分を知ってもらうチャンスの場でもあります。関係性をよくしておけば、その後の仕事にもつながります。

会食のときの席次

数字は席次の順位。①が最上席。会食のときは、取引先の役職が上の人が最上席になります。

洋室（レストランのテーブル席）

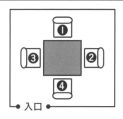

入口から最も遠い席が上座。ただし、②の背側に窓があり、眺望がすばらしい場合は、③が上座になります。

円卓席

入口から最も遠い席が上座。2番目は最上席の人から見て左、3番目は最上席の人から見て右と、左→右の順と続き、入口に最も近い人が下座になります。

和室

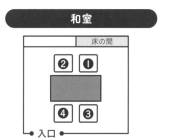

奥に床の間がある場合、床の間に近い席が上座、入口から最も近い席が下座になります。

和室でのマナー

座布団の上に立つ、座布団の上を歩くのは禁物。また、座敷では正座が基本です。ただし、足がしびれてきたら、そっと崩すか、最初から「申し訳ございません。足を崩させていただきます」と断ってから座るようにしましょう。

接待をするときの流れ

準備

店選び

　上司から店選びを任された場合は、接待にふさわしい、少し格上の店を探します。基本は、個室です。相手の食の好み、どんなお酒が好きかなどを上司や先輩からリサーチします。予算を聞いた上で、相手の会社からのアクセスを考慮し、適した店をいくつかピックアップします。上司に相談して店が決まったら、予約をします。予約時は、日時、人数のほか、料理やお酒などメニュー内容についても希望を伝えましょう。

店との打ち合わせ

　予約ができたら、事前に店へ行き、部屋や席、料理の確認をします。店側との連携がとれていると、当日スムーズに進行できます。

当日

1 お出迎え

当日は早めに店へ行き、上司とともに入口で出迎え、お礼の言葉を述べます。

本日はお忙しい中、
ありがとうございます

2 宴席

全員が揃ったら、主客の紹介、主催者側（上司）のあいさつ、乾杯の後に会食を始めます。

3 会計

会計を任された場合は、終了時間の10分〜15分前にさりげなく席を立ち、支払いを済ませます。必ず領収書（カード決済の場合は明細書）をもらいます。

4 お開き・お見送り

予定の終了時間になったら、主催者側（上司）のあいさつでお開きにします。タクシーで送る際は、あらかじめ車の手配をしておきます。相手より一足先に出て店の外で待ち、お礼の言葉を述べて見送ります。手土産がある場合は、このときに渡します。

本日は、いろいろなお話を伺えて大変勉強になりました。今後とも、どうぞよろしくお願いいたします。本日はありがとうございました

5 翌日にお礼のメールをする

翌日、出社したら、相手にお礼のメールを送ります。

昨日は、ありがとうございました

上司と接待されるときの流れ

準備

相手をリサーチ

事前に、相手の会社のことを調べ、会食をする人のことを上司や先輩から聞いて、その人となりを把握しておきます。

上司に注意事項を確認

接待のしかたや受け方を知る機会。上司から、当日の注意事項などがあれば聞いておきます。

当日は身だしなみに
十分気を配って

当日

１ 店へ行く

遅刻は厳禁。かといって早く到着して店の中で待つのもよくありません。相手の段取りを狂わせてしまいます。当日は、約束の時間の2〜3分前に店へ到着するようにします。出迎えを受けたら、お礼を述べます。

本日はお招きくださり、
ありがとうございます

２ 宴席

相手の接待の対象はあくまで上司。丁寧に扱われたからと偉そうな態度をとったり、飲み過ぎたりするのはマナー違反。同行者は、謙虚な姿勢でふるまうことが大切です。相手や上司を立てながら、会話をしましょう。

３ お開き

見送りを受け、上司がお礼の言葉を述べた後に、自らもお礼を述べます。なお、二次会は、相手が上司とゆっくり話せるよう、辞去するのがベターです。

本日は、ありがとう
ございました

４ 翌日にお礼のメールをする

翌日、出社したら、朝一番に相手に「昨日は、ありがとうございました」とお礼のメールを送ります。

　昨日は、ありがとう
ございました

［ 会食に誘われたとき ］

　自分の判断で勝手に返事をせず、まずは上司に相談します。社内規定で接待は受けないとしている会社もあります。その際は、「お誘いいただきまして、ありがとうございます。大変申し訳ございませんが、会社の規定でお受けすることができません。ご了承いただけますよう、よろしくお願いいたします」と、丁寧に断ります。

　なお、相手に何らかの目的があって、それに応じられない場合は、「あいにく仕事が立て込んでおりまして」などと、多忙を理由に断るようにします。

食事のマナー

☑ 一緒に食事をする人に不快な思いをさせないよう、食事のマナーを身につけておく。

☑ 洋食、和食、中国料理それぞれのマナーを身につけておくと、会食のときにあわてない。

洋食のマナー

食事のときに音を出すのはマナー違反。スープは音を立てずに飲み、カトラリー（ナイフ、フォーク、スプーンの総称）と食器も音を立てて使ってはいけません。食事中の会話も、周囲に迷惑がかからない声の大きさを心がけましょう。

いすを引かれたら左側から座る

格式あるレストランでは、席に案内され、お店の人がいすを引いてくれます。引かれたら、左側からいすの前に立ち、いすを入れてくれるのと同時に座ります。欧米の人は昔、左腰に剣をさしていたことから左側から座る習慣ができ、日本にも伝わってきました。

バッグの置き方

基本的には、左側の足元に置きます。着席や離席の際、左側からが基本のため、右側に置くと、右隣に座っている人のじゃまになるからです。洋食は左側から料理を出すので、給仕の人のじゃまにならないよう、左横ではなく、左の足元に置きましょう。なお、女性の小さめのバッグであれば、背もたれと背中の間に置いてもかまいません。

ナプキンの使い方

● **ナプキンを広げるタイミング**

食事のオーダーを済ませたら、お皿の上に飾られたナプキンをとって、二つ折りにし、折り目を自分のほうに向けて、ひざの上に置きます。

● **中座するとき**

やむを得ず食事中、席を立つときは、ナプキンをいすの上に畳んで置きます。

● **退席するとき**

軽く畳んで、テーブルの上に置きます。

◎マナーを知っていれば、突然の会食にも対応できる

　食事のマナーは、ビジネスに限らず、大人として身につけておきたいもの。まず、どんな食事の際にも、姿勢よく座りましょう。足を組む、テーブルにひじをつくのはNG。食事の間は席を立たないのがマナーですが、中座する場合は、「申し訳ございません。少し失礼いたします」と言ってからにします。また、食事のペースは、同席している人に合わせることが大切です。

　また、洋食、和食、中国料理それぞれの基本マナーを知っておくと、取引先との急な会食のときも、あわてずにすみます。日常生活の食事で、実践をしながら身につけていきましょう。

カトラリーの使い方

　フルコースで全てのカトラリーがセットされている場合、基本的に「左右にならんでいるものは外側から」「前方に並んでいるのは奥から」使います。うっかりナイフやフォークを落としてしまっても、自分で拾うのはNG。店の人を呼び、新しいものをもらいます。

ナイフ&フォークのサイン

● 食事の途中です

まだ、食事の途中なのでお皿をさげてほしくないときは、皿の上にナイフ（刃を内側に）とフォーク（背を上向きに）を「ハ」の字に置きます。

● 食事が終わりました

食事が終わり、お皿をさげてほしいときは、ナイフ（刃を内側に）とフォーク（背を下向きに）を揃えて4時の方向に置きます。

● フォークレストの使い方

コースを通して同じカトラリーを使う場合、フォークレストがセットされていることがあります。1つの料理が終わるたびに、ナイフの刃を内側にして右側に、フォークは上向きにして左側に置きます。

スープの飲み方

　スプーンですくい、音を立てずにいただきます。スープが残り少なくなったら、片手で皿を傾けて、スプーンですくいます。なお、スプーンを手前から向こうへすくうのはイギリス式。向こうから手前にすくうのはフランス式。どちらからでもかまいません。

パンの食べ方

　パンは、ひと口大にちぎってバターナイフでバターを塗って、ひと口で食べます。オリーブオイルをつけて食べる場合も同様です。パンごとかぶりつかないようにしましょう。

和食のマナー

和食の場合、椀、飯碗、小皿など小ぶりの器は手に持って食べるのがマナー。そのため、塗り椀などを指輪やブレスレットで傷つけることがないよう、結婚指輪以外は外しておきます。なお、中皿以上の器は置いたまま食べます。

箸づかい

　　和食のマナーの基本は、箸づかいです。特に**「嫌い箸」（下記参照）といわれる箸の使い方はタブー**。会食で会席料理をいただくときは、箸の使い方に十分気をつけましょう。

寄せ箸	器の中に箸を入れて、そのまま引き寄せる。	ねぶり箸	料理を口にしていないのに箸先をなめる。
刺し箸	料理に箸を突きたてて、口に運ぶ。	涙箸	箸で取った料理から汁が垂れること。
ちぎり箸	両手に箸を1本ずつ持って料理をちぎる。	探り箸	盛ってある料理や汁物の中を箸でさぐる。
移り箸	箸で取ったものを食べず、ほかの料理に箸をつける。	指し箸	話しながら箸で人のことを指す。
迷い箸	何を食べようか、箸先をあちこち動かす。	もぎ箸	箸についた料理や米粒を口でとる。
渡し箸	器の上に箸を置く。	振り上げ箸	箸先を上げる。

蓋つき椀

❶ 左手を椀に添え、右手で蓋を持って開け、椀の上で蓋の水滴を落とす。

❷ 右手で取った蓋に左手を添え、内側を上にして両手で椀の右側に置く。

❸ 食べ終わったら、両手で蓋を取って、元のように蓋をする。

✗　蓋をふせて置く。

✗　食べ終わった後、蓋の内側を上にして椀にかぶせる。

◎蓋つき茶碗でお茶を出されたときも、蓋の扱い方は同じです。

刺身

　　盛り合わせは、手前から食べます。刺身にわさびを少量のせ、しょうゆに少しつけていただきます。このとき、箸を持っていない手を皿のようにする「手皿」をしないこと。実際に食べ物が落ちたとき、手が汚れます。

会席料理のコース（一般的な流れ）

先付（お通し）・食前酒
↓
椀物（吸い物）
↓
刺身
↓
焼き物
（尾頭つきの魚やえびを焼いたものなど）
↓
煮物
↓

揚げ物（天ぷらなど）
↓
蒸し物（茶碗蒸しなど）
↓
酢の物
↓
食事（ご飯、みそ汁、香の物）
↓
水菓子・菓子
（季節の果物や和菓子など）

中国料理のマナー

中華料理は、ターンテーブルのついた円卓での食事が一般的。その際、ターンテーブルは、時計回りに回します。上座の人から順に一人ずつ料理をとっていきます。中華料理は主賓でも、自分で取り分けます。

★お店の人が「取り分けますか」と聞いてくれる場合、お願いしてもよいでしょう。

取り皿の使い方

　味が混ざらないよう、料理ごとに取り替えます。取り皿はテーブルに置いたまま、左手を添えて食べます。皿が足りなくなったら、お店の人に皿の追加をお願いします。

取り皿は手に持って食べない

　小皿に取り分けた料理、スープは、テーブルに置いたまま食べます。手に持って食べてよいのは、チャーハンや白いごはんを盛った器だけです。

これはNG

- ターンテーブルを左右に回す。
- 立ち上がって、大皿から料理を取り分ける。
- 人の分も取り分ける。
- 空になったビール瓶をターンテーブルにのせる。
- 食べ終わった皿をターンテーブルに置く。
- グラスをターンテーブルの近くに置く。
- 取り分ける料理の量を考えずに、たくさんとる。

小籠包の食べ方

❶ れんげに小籠包をのせ、好みで黒酢などをかける。

❷ 箸で少し皮を破り、中のスープを吸う。

❸ 皮と具を一緒に食べる。

焼売の食べ方

　箸で一口大にし、からしをつけ、酢じょうゆなどにつけて食べる。

✖ 箸を突きたてて丸ごと食べない。

包子の食べ方

　包子（中華まん）を手で半分に割り、その半分を一口大にして食べる。

✖ 1個丸ごと、かぶりつかない。

酒席でのマナー

3

知っ得ポイント

☑ 仕事関係者との酒席は仕事の延長。
若手らしい気配りが好感につながる。

☑ 節度あるお酒の飲み方をするのが
社会人としてのマナー。

酒席でポイント

気配りとして目上の人にお酌する

　お酒は、目下から目上にお酌するのがマナー。上司や先輩、取引先の人などには、「どうぞ」とお酌をしましょう。また、相手のグラスを見て空になりそうなときは、「次は何になさいますか」と聞く気配りも。

これはNG

● 会話をせず、ずっとスマホをいじっている。
● 自分の話だけを一方的にして盛り上がる。
● 自分のお酒だけを注文して、ガブガブ飲む。
● お酒を飲めない人に、無理にすすめる。
● 飲み過ぎて酔っぱらう。
● 人にからむ。

お酌の申し出は受ける

　お酌の申し出があったときは、マナーとして一度は受けましょう。「恐れ入ります」とグラスを差し出して軽く頭を下げ、注ぎ終わったら「ありがとうございます」とお礼を言って、ひと口飲みます。

お酒を断るときのフレーズ

　「ありがとうございます。でも、もう十分いただきましたので」と言って、グラスの口を手で覆います。または、「申し訳ございません。飲めないもので」と会釈します。

愚痴や不満を言わない

　フランクな場だからと、何を言ってもよいわけではありません。会社や仕事の不満を吐き出すのは禁物。つい口がすべってということがないよう、お酒は飲みすぎず、自分をしっかり制御しましょう。

◎節度と品位あるふるまいをする

　ビジネスにおいてお酒の席は、フランクに語り合えるコミュニケーションの場、仕事にプラスになる情報交換の場でもあります。ただし、友人たちとの飲み会とは違って、仕事の延長であることを忘れてはいけません。社内で進行しているプロジェクトのことを他社の人に言ったり、相手のプライベートなことに立ち入ったりするのはマナー違反。

　社会人として、節度ある飲み方、品位あるふるまいを心がけましょう。また、目上の人の話をよく聞いたり、お酌をしたりする若手らしい気配りも大切。その後の人間関係を良好にします。

お酒のつぎ方と受け方

ビール

【つぎ方】どこの銘柄かラベルが見えるよう上にして、右手で瓶の中ほどを持ち、左手で支えて、ゆっくりとグラスの7分目まで注ぎます。

【受け方】両手でグラスを持ち、グラスを少し傾けながら相手が注ぎやすい位置に差し出します。

日本酒

【つぎ方】徳利の中ほどを右手で持ち、左手で支えます。徳利の口を杯に触れないようにして、杯の7〜8分目くらいまで、ゆっくり注ぎます。

【受け方】右手で杯を持ち、左手を添えて、相手が注ぎやすい位置に差し出します。

ワイン

【つぎ方】どこの銘柄かラベルが見えるよう上にして、右手で瓶の底を包み込むように持ち、グラスにあたらないよう、ゆっくりとグラスの3分の1ほどまで注ぎます。

【受け方】グラスはテーブルに置いたまま、ついでもらいます。

★ワインはお店の人がつぐものですが、カジュアルな店では客同士で行ってもかまいません。

4 リモート飲み会のマナー

知っ得ポイント

☑ 自宅からの飲み会参加でも、
　身だしなみは整える。

☑ 楽しく交流するためにも、参加者が
　不快にならないようにマナーを守ることが大切。

社内のリモート飲み会に参加するとき

飲み会の連絡がきたら

● メールやチャットアプリで飲み会の日時について連絡がきたら、出欠の返事をします。

● 参加・不参加は自由。基本的に不参加の理由を言う必要もありませんが、気になる人は「その日は予定があり、帰りが遅くなるため」などと伝えましょう。

準備

映る背景を確認

● プライベートな空間を見せることになるので、カメラの位置を調整して画面に映る部分を確認します。またはバーチャル背景を設定。

服装

● 部屋着ではなく、清潔感のあるカジュアルな服装に。

● 立ったりするとボトムスも見えるので、ボトムスにも気をつけましょう。

開始

入室したら、明るくあいさつをする

● 開始時間になったら、入室し「こんばんは（お疲れ様です）。小池です」とあいさつをします。途中参加の場合も、明るくあいさつをしましょう。これは、参加者に自分の存在を知らせるためでもあります。

◎参加者を不快にさせないことが大切

　最近では、部や課の有志、親しい先輩や同僚と、リモートでの飲み会を楽しむ機会が増えています。帰る時間を気にせず、自宅で自分の好きなお酒を飲みながら、リラックスしておしゃべりができるのがメリットですが、会社の人とのリモート飲み会は、やはり仕事の延長だと考えましょう。

　飲みつぶれる、スマホをずっといじりながら話す、先輩に友人に対して話すような言葉づかいをするのはNG。参加した人が不快にならない最低限のマナーを守ることが大切です。自宅だからといって自由すぎる行動は禁物。人間関係を良好に保つためにも、多少の緊張感を持ちながら楽しみましょう。

画面から消えるときはひと言を

- 飲み物やおつまみを取りに立ち上がったり、トイレに行ったりするときは、「申し訳ありません。少し外します」とひと言断ったほうが丁寧です。

飲み過ぎない

- 気づいたら寝ていたということがないよう飲み過ぎには注意。ビールやチューハイ缶をグラスに移し替えると、酒量が見えて調整できるのでおすすめ。

食べるときはミュートに

- マイクを通すと、食べる咀嚼音がしっかり聞こえるため、不快に思う人も。食べるときは、マイクをミュートにして、参加者に聞こえないよう配慮します。

表情に気をつける

- いつも笑顔でいる必要はありませんが、つまらなさそうにしていたり、あくびをしていたりするのも絶えず参加者に見られているということをお忘れなく。

リモート飲み会を主催するとき

終了時間を決める

- 必ず終了時間も連絡し、時間になったら話が盛り上がっていても終了します。
- 途中、トイレタイムを5分ほどつくっても。

不参加者を無理に誘わない

- 不参加の人を無理に誘うことや、不参加の具体的な理由を聞くのは禁物。

進行役を決めておいても

- 全員が話すと混線して聞こえなくなることがあるので、あらかじめ司会進行役の人を決めておき、話をする順番を整理したり、話題がそれたら戻したりしてもらいます。

5 立食パーティーのマナー

☑ 料理は食べる分だけ、1枚の皿に少量ずつ
　取り分ける。

☑ 初対面の人でも積極的に話しかけて
　交流して、人脈を広げる。

立食パーティーの服装

招待状に「平服で」とあっても、普段着で行くのは禁物です。
男性はダークスーツ、女性はスーツかワンピースで行きましょう。

男性

● 濃いグレーやネイビーの
　ダークスーツ。

女性

● アクセサリーやスカーフな
　どで華やかさを演出。

● バッグは、小ぶりのバッグ
　またはパーティーバッグ。

● 靴は、歩き回っても疲れ
　ないものにする。

◎人脈を広げるビジネスチャンスの場でもある

　ビュッフェスタイルの立食パーティーは、参加者が自由に会場を回り、さまざまな人と交流ができる機会です。人脈を広げることはビジネスチャンスにつながるので、初対面の人にも積極的に話しかけましょう。その際は、必ず名刺交換をします。

　なお、立食パーティーでは、歩きながら飲食をするのはマナー違反。移動するときは、料理をのせた皿をテーブルに置き、グラスだけ持つようにしましょう。また、用事があるときは、主催者にあいさつせずに途中退場しても失礼になりません。

パーティーでのマナーと注意点

取り皿に料理を盛りすぎない

　料理は、皿に2〜3種類盛りつけます。皿は、料理を取るたびに取り替えます。

スピーチ中の途中入場は避ける

　開始時間前に受付を済ませるのが基本ですが、仕事で遅れて会場に入るとき、もしもスピーチが行われていたら、終わるまで入場は避けます。

いすに長く座らない

　疲れたときは座ってもOKですが、長く座り続けないようにします。

スピーチ中は静かに

　主催者や来賓がスピーチしているときは、グラス、皿をテーブルに置いて静かに話を聞きます。

グラスを置いて名刺交換を

　グラスや皿をテーブルに置いて、両手で名刺を差し出します。

初対面の人には笑顔であいさつ

　慣れてきたら自ら初対面の人とも会話の糸口を見つけて積極的に交流をしましょう。

[上司の代理で出席するとき]

　受付の芳名帳に、上司の名前を書き、その下に（代理）と書きます。なお、周年記念や就任などのパーティーの受付で祝儀袋を渡すときは、「このたびはおめでとうございます」とお祝いの言葉とともに両手で渡します。

これはNG

- 顔見知りなど内輪でまとまって、いろいろな人と交流しない。
- 皿に料理を山盛りにのせる。
- いすに座って、ずっとスマホをいじっている。

社内行事参加のマナー

☑ 参加することで、会社の人たちの人柄に触れることができ、関係が深められる。

☑ 遊びではないので、マナーを心得た交流をする。

社内イベントの心得

積極的に話しかける

誰とも話さず、一人でいたり、つまらなそうな態度をしていたりすると、周囲からよい印象を持ってもらえません。せっかく参加しても、それでは損。話したことがない相手にも、笑顔であいさつを。積極的に話しかけ、交流をしましょう。

飲み会でも「無礼講」はない

無礼講とは、「身分に関係なくお酒を楽しみましょう」というもので、「何をやっても、とがめられない」ということではありません。飲み会でも、目上の人に馴れ馴れしい態度で接したり、酔って羽目をはずしたりするのはマナー違反です。

社員旅行では協調性を大切に

自分勝手な行動は、周囲の人に迷惑をかけます。集合時間や決められたルールは守り、協調性を持って行動しましょう。フレンドリーな雰囲気になっても、目上の人には礼儀正しく接することが大切です。

気配りを忘れない

バーベキューなどのレクリエーションイベントでは、楽しみながら交流をはかりましょう。ただし、準備や片付けのときは、何か手伝えることはないかと声をかけ、率先して働く気配りを忘れないように。

何かお手伝いすることは
ありませんか

◎参加すればこそのメリットも

　社内での飲み会や、社員旅行、バーベキューやボウリング大会などのレクリエーションイベントは、社員同士のコミュニケーションをはかるとともに、結束を高めて仕事をスムーズに進めることを目的としています。

　参加するかどうかは自由です。そのため、仕事以外で会社の人とつき合いたくないという人は、無理に参加する必要はありません。しかし、普段は交流のない部の人と話ができたり、苦手な上司や先輩の意外な一面を知ることができたり、メリットもたくさんあります。毎回でなくても、ときには、前向きに参加してみるのもよいでしょう。

気が進まず、断るとき

断ることは、決して悪いことではありません。しかし、「仕事以外で、何で会社の人とつき合わなくてはいけないのですか」「つまらないので、参加したくありません」「プライベートを優先したいので」といった、ストレートな言い方は、相手を不快にさせることがあります。その後の人間関係を良好に保つためにも、クッション言葉を用いたやわらかな言い方をしましょう。

○ 今回のイベントは
　気が進まないとき

　残念ながら、今回は予定あるので
　参加できませんが、次回は参加し
　たいと思います

○ 社内イベント自体に
　参加したくないとき

　申し訳ありませんが、家の事情で
　社内のイベントには参加すること
　ができません。参加できるようになっ
　たら、よろしくお願いいたします

食わず嫌いということもある。1回は参加
してみて、どんな感じかを体験してみて

[イベントの幹事を頼まれたら]

　幹事の仕事は、段取り、交渉、コミュニケーションなど、仕事で必要なスキルが求められます。飲み会やレクリエーションのイベントの幹事を頼まれたら、仕事のスキルアップにつながると思って引き受けてはいかがでしょう。

　幹事経験者の先輩にアドバイスを求めたり、協力してくれそうな同僚に声をかけたり、幹事をすることで社内の人脈が広がります。

7

社内の人とのつき合い方

知っ得ポイント

☑ 上司や先輩には、敬意を持って接する。

☑ 同僚や後輩には、節度ある態度で接する。

上司や先輩との接し方

日頃から敬意を持って接しましょう。

○ 呼ばれたとき

作業中であっても手を止めて返事をし、呼んだ相手（上司、先輩）のところに行きます。

はい、何でしょうか

✘ パソコン作業をしながら相手の目を見ずに返事をする。

○ 話しかけるとき

相手をよく観察し、忙しそうではないタイミングを見て話しかけます。

恐れ入りますが、相談したいことがあります。〇分ほどお時間をいただけますでしょうか

○ 注意を受けたとき

注意されたこと（事実）に目を向け、改善策を考えて実行します。

申し訳ございません

✘ 言い訳をする。

○ アドバイスを受けたとき

自分の考えとは違うアドバイスでも、まずはお礼を言って、どうすれば実行できるかを考えます。

教えていただいた方法で試してみます。ありがとうございました

敬語を正しく使い、相手を立てることが大切

224

◎良好な関係を築くためにも、日頃から気をつけて

　社内の人間関係がよければ、仕事は気持ちよくスムーズに進むものです。良好な関係は1日では築けません。日々の接し方の積み重ねが重要です。

　上司や先輩には、日頃から敬意を持って接すること。指示やアドバイスを素直に聞き、わからないことがあれば積極的に質問、相談します。誰も敬意を持って接してくる相手に悪い印象は持たないでしょう。

　また、同僚とは友人関係になる場合もありますが、基本的に仕事中は仕事仲間として一定の距離を持って節度ある態度で接することが大切。後輩には、威圧的な態度を示さず、相談しやすいフラットな接し方を心がけましょう。

同僚との上手なつき合い方
仕事仲間として節度ある接し方を。

人の悪口やうわさ話をしない

　人の悪口はトラブルの原因に。人事に関することや、職場の人のうわさ話など、信ぴょう性の低い話を信じたり、人に話したりするのは慎みましょう。

プライベートなことに深く立ち入らない

　家族構成、友人関係、恋人、宗教のことなど、プライベートを細かく聞いたり、詮索したりするのはやめましょう。

公私混同は禁物

　仲よくなっても、仕事中はおしゃべりを慎みます。職場では丁寧語で話し、節度ある態度で接しましょう。

お金の貸し借りはしない

　お金の貸し借りはトラブルのもと。ランチ代やコーヒー代など、小さな金額もすぐに返しましょう。

後輩との接し方
よき先輩として誠実な態度で接しましょう。

○ **注意をするとき**　人のいる場所を避けて、1対1で話します。その際、どのようにすればよいか、具体的なアドバイスをしながら話します。自分の体験談を交えて話すと伝わりやすいでしょう。

[外国人社員とのつき合い方]

　あいさつをはじめ、積極的に声をかけてコミュニケーションをとりましょう。なお、宗教や文化の違いで誤解が生じることも。前もって相手の国の文化や宗教上の習慣を聞き、自分でも理解を深める努力をすれば、上手につき合っていくことができるでしょう。

対人トラブルの対処法

☑ 職場の人とは、日頃からコミュニケーションを
とって良好な関係を築く。

☑ ハラスメントを受けたら信頼できる人や
相談窓口に相談する。

対人トラブルを避けるには

あいさつの コミュニケーションを 欠かさない

知らないうちに「あなたは苦手」という表情や態度をとっていませんか。それは相手にも伝わるため、よい関係を築くことはできません。苦手な人でも、あいさつはきちんとすること。できるだけフラットに接し、日頃からコミュニケーションをとれば、些細なことで誤解を生んだりしないでしょう。

おはようございます。
今日は天気がよくて、
気持ちいいですね

自分から謝ることで解決することも

きっかけはどうであれ、関係がギクシャクすると、連絡がスムーズにいかなくなるなど仕事にも影響します。自分に非がないと、双方が思っていると平行線。今の状態を改善するために「私にも悪いところがあったと思います」など自分から先に謝り、解決にもっていくのも、ひとつの方法です。

◎コミュニケーション不足がトラブルを招く

　会社には、いろいろな人がいるため、中には自分と合わないと感じる人もいるでしょう。だからといって、苦手な人を敬遠するのはよくありません。対人トラブルの多くは、コミュニケーション不足で起こります。誤解を生まないよう、苦手意識のある人にも、日頃から笑顔であいさつをし、上手にコミュニケーションをとって良好な人間関係を築くことが大切です。

　なお、対人トラブルでもパワハラやセクハラなどに代表されるハラスメント（嫌がらせ）を受けたら、一人で悩まず、信頼できる上司や先輩、同僚、会社や公的機関の相談窓口に相談をしましょう。

ハラスメントの種類と対処法

他人の価値観や考え方の違いを認めない姿勢が何気ないひと言に出て、相手を傷つけることがあります。自分が加害者にならないよう、他人の考えを尊重、許容する気持ちを持つことも大切です。

パワハラ	パワーハラスメントの略。役職の上の人が優位な立場を利用して、職場の人に精神的、身体的苦痛を与えること。無能扱い、仕事の押しつけなどもパワハラ。
セクハラ	セクシャルハラスメントの略。性差別的な発言や性的な内容の冗談、体に触るなどの行為をすること。目のやり場に困る服装で仕事をするのもセクハラに。
モラハラ	モラルハラスメントの略。いじめ、陰口、暴言、仕事の妨害など言葉や態度による暴力のこと。容姿や学歴、既婚未婚の冗談も相手が嫌がればモラハラに。
エイハラ	エイジハラスメントの略。年齢を理由にした差別や嫌がらせ。「だから、ゆとり世代は」「今どきの若いやつは使えない」などの発言もそうです。
ソーハラ	ソーシャルハラスメントの略。職場におけるSNS上の嫌がらせ。友だち申請やフォロワー申請、投稿に対するコメントの強要などを指します。

対処法
- 嫌がらせを受けた日時や内容を記録する。
- ボイスレコーダーで相手の暴言などを録音する。

相談
- 職場で信頼のおける人（上司、先輩、同僚）
- 会社の相談窓口（人事労務などの相談担当者）
- 公的な労働相談窓口
- 弁護士、社会保険労務士

★企業は、ハラスメント対策に取り組むことを義務付けられています。被害内容によっては、法的措置もとれるので、被害状況は詳細に記録しておきましょう。

上司や先輩にご馳走になったときのお礼のマナー

　ランチや飲み会の二次会などで、上司や先輩からご馳走になることもあるでしょう。そんなときは、必ず相手の顔を見て「ごちそうさまでした」と、笑顔でお礼を言うのがマナーです。

　タイミングとしては、上司や先輩がお会計を済ませた後に言います。また、店を出て別れる際は「ありがとうございました」と言ってお辞儀をします。相手もご馳走してよかったと感じるでしょう。年下だからおごってもらうのは当然だと、お礼の言葉を伝えないのは失礼です。

　さらに、翌日会社で会ったときに「昨日はごちそうさまでした。とても素敵なお店でおいしいお料理をいただけて幸せでした。ありがとうございました」と、お礼を言うのを忘れずに。翌日からリモートワークで直接会えない場合は、メールでお礼を伝えます。

　メールでは、「ごちそうさまでした」「ありがとうございました」だけではなく、「おいしいお料理に感動しました」など、素直な感想を添えると、好印象を持たれます。また、「今後の仕事に役立つお話が聞けて勉強になりました」「今後も頑張っていきます」「今後ともどうぞよろしくお願いいたします」など、仕事に関する意欲や決意を書くのもよいでしょう。

　このようなお礼を言われると、相手は「今後も何かあったら相談にのろう」「サポートしていこう」と、思ってくれるはずです。

昨日はごちそうさまでした。
〇〇料理には目がないので、
とてもうれしかったです。
ありがとうございました

昨日は、ごちそうさまでした。
前からとても気になっていたお店
でした。
評判の料理を食べることができ
感動しました。
ありがとうございました

PART 9

知っておきたい！
冠婚葬祭の
マナー

BUSINESS
MANNER

1

結婚式のマナー

知っ **得** ポイント

- ☑ 伝統的なしきたりを守ると、良識のある人と評価される。
- ☑ 服装やスピーチも相手に失礼のないように心を配る。

結婚式や披露宴での服装

男性 略礼装のブラックスーツが一般的です。または、濃いグレーやネイビーのダークスーツでもよいでしょう。

ネクタイ

シルバーグレー。カジュアル形式ならパステルカラーでもよいでしょう。

シャツ

白の無地が基本。襟はレギュラーカラーかウィングカラー。カジュアル形式ならパステルカラーでも。
◎グレーやシルバーのベストを組み合わせると、よりフォーマル感がアップします。

ポケットチーフ

白が基本。シルクのチーフは昼夜に使えます。

靴下

黒が基本。

靴

つま先部分に横一線が入っているストレートチップ、プレーントゥの黒い革靴。
◎バッグは、小さめのクラッチバッグを。

これはNG

- ● ビジネススーツ
- ● 派手な柄のスーツ、シャツ、ネクタイ
- ● ボタンダウンシャツ
- ● 大きくて派手なベルト
- ● くるぶしが見えるスニーカーソックス
- ● 白靴下
- ● ヘビ革、ワニ革、スエードの靴
- ● スニーカーやブーツ
- ● 穴飾りや外羽根式の靴
- ● リュック

◎伝統的なしきたりに沿ったふるまいを

　結婚式の招待状が届いたら、同封の返信はがきに返事を書き、1週間以内に投函します。事前に金額に見合った祝儀袋を用意し、お祝いを包みます。祝儀袋の書き方や折り方には伝統的な決まりがあるので、それに従いましょう。

　当日はフォーマルな装いで出席します。ただし、花嫁のドレスの色である「白」は着ないのがマナーです。受付では、「本日はおめでとうございます」とお祝いの言葉を述べて祝儀袋を渡し、芳名帳に住所と名前を書きます。披露宴では、あいさつやスピーチ中は私語を慎み、食事はマナーを守っていただきます。

　相手に失礼のないよう、しきたりに沿ったふるまいをしましょう。

　結婚式や披露宴の時間帯によって異なります。昼は肌の露出が少ないワンピースやスーツ、夜は肩や背中を露出したカクテルドレスにショールなどを羽織ります。和装の場合、未婚者なら振り袖が正装。華やかな訪問着でもよいでしょう。

［一般的なワンピースの例］

髪型

ロングであれば、アップスタイルやハーフアップにしても。当日、美容院でプロにおまかせするのもよいでしょう。

派手すぎない、ナチュラルすぎない、華やかで好感の持てるメイクに。

ストッキング

肌色のストッキングが基本。

靴

つま先とかかとが隠れているパンプスがベター。エナメルでも OK。

光沢のある布素材やビーズなどのパーティーバッグ。小ぶりのものがベスト。ビニール製やファー素材は避けます。

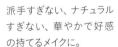

- 花嫁の色である白のドレス
- ナチュラルメイク
- 派手なメイク
- 生足、カラータイツ
- ヘビ革の靴やブーツ
- ビニールやファーのバッグ
- 爬虫類素材の小物

祝儀袋の表書き

表書き…「寿」

水引…金銀や紅白の「結び切り」

名前…筆ペンか黒のサインペンを使い、中央にフルネームを書く。ボールペンや万年筆はNG。

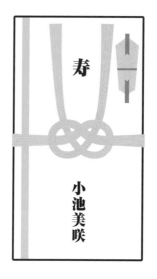

◎結び切りは、一度結ぶとほどけない結び方。結婚にふさわしい結び方です。お祝いごとには、必ず「のし」がつきます。

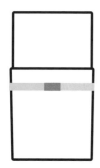

裏（折り返し）
慶事の場合、折り返しの部分は下側が上に重なるようにします。これには「喜びを受け止める」という意味があります。逆になると不祝儀になるので注意。

中包み…お金を入れる袋。

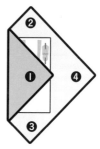

祝儀袋はふくさで包む
★数字の順番どおりに包む。逆に包むと弔事になるので注意。

●**オモテ中央に金額を記入**
「金参萬円」と、入れた金額を漢数字（壱、弐、参、萬）で書く。

●**ウラに住所と氏名を書く**
郵便番号、住所、氏名を書く。連名の場合は代表者の連絡先を書く。

連名の場合

3名まで

一番目上の人の氏名を右に書く。右から左へ目上の人から順に氏名を並べて書く。

4名以上
（部署で贈る場合）

上下関係がない場合は、右から五十音順に氏名を書く。

中央に会社名と○○一同（総務部一同など）と書く。友人で贈るときは、代表者の名前の左下に小さく「外一同」と書く。

[包む金額の目安]

20代〜30代が包む金額は、2万円〜3万円が一般的ですが、新郎新婦との関係性や地域性により異なります。昔から奇数は吉とされ、お祝い金も偶数は避けられていましたが、ペアの意味がある「2」や、末広がりの「8」は送ってもよい数字とされています。

上司・先輩	3万円
同僚・後輩	2万円〜3万円
友人	2万円〜3万円 （30代は3万円）
兄弟姉妹	5万円 （30代は5万円〜10万円）

ただし、死をイメージする「4」、無をイメージする「6」、奇数でも「苦」を連想させる「9」は避けます。

[お金はできれば新札に]

お祝いのお金は、新札を用意します。クシャクシャだったり、汚れていたりすると、相手も気分がよくありません。気持ちよく受け取ってもらうために、銀行で新札に両替えしてもらうなどしてきれいなお札にします。

なお、中包みにお金を入れるときは、表側にお札の表を向けて肖像部分（顔）が上にくるように入れましょう。

受付での祝儀袋の渡し方

祝儀袋は、折れたり汚れたりしないよう、ふくさ（小さな風呂敷）に包んで持参します。ふくさの包み方には作法があるので覚えておきましょう。また、簡単に出し入れができる「はさみふくさ」もありますが、慶事と弔事で入れる向きが違うので注意。

1 ふくさから
祝儀袋を取り出す。

2 ふくさを軽く畳み、
その上に祝儀袋をおく。

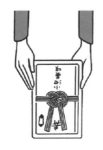

3 相手に正面を向けて、
ふくさごと差し出す。

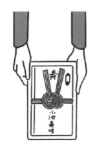

受付を頼まれたとき

先輩や同僚の結婚式の受付を頼まれるのはよくあること。気持ちよく引き受けましょう。当日は、指定された時間に会場へ入ります。遅刻は厳禁。

1 ゲストを迎え、祝儀袋を両手で受け取る

ありがとうございます。お預かりいたします

2 芳名帳を指し示し、記帳してもらう

恐れ入りますが、ご記帳をお願いいたします

3 席次表を渡し、控室を案内する

本日の席次表です。
会場の準備が整うまで、もうしばらくお待ちください

スピーチを頼まれたら

スピーチは、笑顔になれる明るいエピソードを入れながら、5分くらいを目安に簡潔にまとめます。過去の恋愛の話や、「切る」「最後」など別れや不幸を連想させる忌み言葉はタブーです。

スピーチの構成例

1 お祝いの言葉

亮さん、優菜さん、ご両家の皆様、本日はおめでとうございます

2 自己紹介

私は新婦の優菜さんの同期の小池と申します。
新入社員研修で優菜さんと机を並べて以来のおつき合いです

3 新郎・新婦の人となりやエピソード

優菜さんは同期のリーダー的存在で、仕事での活躍はもちろん、
いつも私たち同期の集まりを企画し、盛り上げてくれます。
……つい先日も連休を利用してキャンプに行ったのですが……

4 はなむけの言葉

これからは二人で力を合わせて、
明るくにぎやかな家庭を築いてください

5 結び

本当におめでとうございます。本日はお招きいただき、ありがとうございました

「忌み言葉」は言ってはならない

お祝いの場では、別れを連想させる言葉「忌み言葉」は使わないよう、気をつけましょう。

■ **別れを連想させる**　切る/別れる/分かれる/敗れる/去る/出る/割れる/冷えるなど

■ **繁栄しないイメージ**　つぶれる/閉じる/滅びる/途絶える/終わる/枯れる/はかないなど

■ **不幸・不吉なイメージ**　最後/病む/苦しい/痛い/失うなど

■ **不幸が重なるイメージ**　重ね重ね/たびたび/返す返す/しばしば/二度三度/重なる/繰り返すなど

2

弔事の対応

> ## 知っ（得）ポイント
>
> ☑ 仕事関係者の訃報は、すぐに上司へ報告し、
> 指示に従って手配・準備をする。
>
> ☑ 宗教により不祝儀袋や供物などに
> 違いがあるので、必ず確認する。

職場で訃報を受けたとき

お悔やみを述べ、上司に報告

○ 電話で受けたとき

1 お悔やみを述べる

面識のない人の訃報でも、お悔やみの言葉を述べます。

ご愁傷様でございます　　心からお悔やみ申し上げます

2 必要な情報を得る

故人のフルネーム、会社名（部署名・役職）、喪主、通夜、葬儀、告別式の日時と場所、葬儀の形式（宗教）を確認します。

3 上司に報告

すぐに上司へ報告し、会社としての対応を確認し、指示に従って弔電や供花、香典などの手配をします。冠婚葬祭関係を、総務部など特定の部署が担っている場合、その部署に連絡します。

○ メールや FAX で受けたとき

すぐに上司へ報告します。上司が不在の場合、上司の下のリーダーに伝えます。または上司と連絡をとって指示を仰ぎます。必要な情報はメールや FAX に書かれていますが、不明点があれば、直接、会場に連絡します。なお、わざわざ電話をかけて、確認したりお悔やみの言葉を述べたりするのは避けましょう。相手も準備に追われているので、迷惑になります。

◎取引先の訃報は上司に報告後、指示に従って対応

訃報の電話を受けたら、まずお悔やみの言葉を述べましょう。その際、死因をたずねるのはタブーです。

取引先の人の訃報は、まず上司に報告し、指示に従って手配や準備を行います。ただし、お別れのしきたりは、宗教によって異なります。供花や香典の手配や準備は必ず宗教を確認してからにしましょう。職場の人の身内が亡くなった場合は、部署単位で香典を包み、代表者が葬儀に持参するのが一般的です。

仕事関係で親しかった人の訃報を受けたときは、上司に相談し、通夜や葬儀に出席してもよいでしょう。

手配と準備

○ 弔電

弔電は、喪主宛てにし、葬儀会場の自宅か斎場へ葬儀の前日までに送ります。郵便局や電話会社、宅配会社などの電報サービスを利用すれば、インターネット上で手配ができます。いくつかの定型文の中から選んで送るのが一般的です。

> 文例
>
> ○○様のご逝去を悼み、謹んでお悔やみ申し上げます
> ↓
> 父親 = ご尊父(そんぷ)様 / 母親 = ご母堂(ぼどう)様
> 夫 = ご主人様、ご夫君(ふくん)様 / 妻 = 奥方様、ご令室(れいしつ)様
> 息子 = ご子息(しそく)様 / 娘 = ご息女(そくじょ)様

○ 供花

会場となる斎場、担当する葬儀社に連絡し、供花の申し入れをします。供花には、送り主(代表者)の名前が入った札がつきます。会社で贈る場合は、「○○株式会社 代表取締役社長(役職名) ○○○○(氏名)」、「○○株式会社 営業部一同」などが一般的です。

○ 香典

会社として参列する場合は、香典は会社で用意します。ただし、参列する各人で包む場合や、部署でまとめて1つの不祝儀袋に入れる場合もあります。なお、不祝儀袋の表書きは宗教によって異なりますが、宗教を問わない表書きは「御霊前」です。

不祝儀袋の表書き

文字は、涙で墨がにじむほど悲しいことを表す「薄墨」で書きます。

宗教を問わない表書きは「御霊前」

仏式（浄土真宗を除く）、神式、キリスト教式（プロテスタントを除く）に使える。

◎表書きが印刷されていない不祝儀袋の場合、薄墨で表書きを書く。

水引…白黒か双銀の結び切り。関西は黄色と白の結び切りが多い。

名前…弔事用の薄墨のサインペンか筆ペンを使い、中央にフルネームを書く。

裏（折り返し）

弔事の場合、折り返しの部分は上側が上に重なるようにします。「悲しみは下向きに」と覚えても。逆にすると慶事になるので注意。

不祝儀袋はふくさで包む

★数字の順番通りに包む。逆に包むと慶事になるので注意。

中包み…お金を入れる袋。

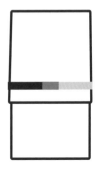

● **オモテに金額、ウラに住所、氏名を書く**

オモテに「金壱萬円」と、包んだ金額を漢数字（壱、弐、参、萬）で書く。ウラの左に郵便番号、住所、氏名を書く。連名の場合は代表者の連絡先を書く。

○ 包む金額の目安

上司、同僚、友人	5千円
上司や同僚、友人の家族	5千円
取引先関係	1万円〜3万円

★包むお金は、見た目がきれいなお札を入れます。新札は、不幸を予測して用意していたと受け取る人もいるので、気になる人は一度半分に折ってから入れても。

社名を入れる場合

中央に氏名、その右側に社名と役職を小さく書く。

部署で出す場合

中央に所属名、右側に小さく社名を書く。(株)などに略さず、正式名称を書くこと。

通夜、葬儀、告別式は宗教を問わない「御霊前」に。「御仏前」は、仏式の法要に招かれたときの表書きだよ

宗教別の表書き

【仏式】
表書き／「御霊前」「御香料」「御香典」（浄土真宗の場合は「御仏前」）
水引／黒白または双銀の結び切り
不祝儀袋／蓮の花の柄がついたものでもよい

【神式】
表書き／「御玉串料」「御榊料」「御神前」
水引／黒白または双銀の結び切り

【キリスト教式】
表書き（カトリック・プロテスタント共通）／「お花料」「御花料」
水引／不要
不祝儀袋／十字架や百合の花の柄があるもの、白い封筒

[「お別れ会」や「偲ぶ会」の場合]

　お別れ会や偲ぶ会は、無宗教のカタチで行われることがほとんどなので、それほど形式にこだわる必要はありません。不祝儀袋または無地の白封筒に「御香典」「御花料」の表書きにしても。文字は薄墨でなくてもよいでしょう。会費制の場合は、封筒に入れて持参します。

通夜・葬儀のマナー

☑ 通夜でも喪服着用が一般的。仕事先から
　駆けつけるときも地味な服装で。

☑ 事前に参列する宗教の作法を確認しておくと
　失礼がない。

弔問の服装

男性

ブラックスーツ（喪服）を着用します。通夜の場合は、紺やグレー
のダークスーツでも失礼になりませんが、ネクタイは黒にします。

ネクタイ

黒（無地）。

シャツ

白。

通夜にすぐ駆けつけられ
るよう、会社に黒のネクタ
イを用意しておくといいよ

時計

黒ベルトか
シルバーのベルトに。

ベルト

光沢のない黒。

靴下

黒。

靴

黒のプレーンなもの。

これはNG

● 金のベルトの時計、スポーティータイプ
　の時計
● 派手なバックルや金具のついたベルト

● 白、色柄の靴下。スニーカーソックス
● 光沢、装飾がある靴
● スニーカー

◎弔問は喪服を着用し、宗教ごとの作法を守る

　本来、通夜は地味な平服でもかまわないのですが、最近は通夜も喪服を着用するのが一般的です。葬儀、告別式には必ず喪服を着用します。

　お別れの儀式に遅刻をするのは失礼です。遅くとも式の10分前には受け付けを済ませるようにしましょう。受付では、お悔やみの言葉を述べてから、香典を渡します。取引先の社葬では、受付に名刺盆が置かれていることもあります。その場合は名刺を渡し、芳名帳には会社の住所を書きます。

　また、お別れの作法は宗教によって異なります。失礼のない手順でできるよう、事前に作法を確認しておくとよいでしょう。

女性 　喪服を着用します。通夜は、黒のスーツや地味な色で派手な装飾のないワンピース、スーツでも。

スカート

膝下丈のもの。
　パンツスーツの喪服でもOK。

メイク

ナチュラルメイク。赤い口紅や濃いアイメイクは避けます。

ネイル

基本つけません。簡単に落とせないジェルネイルをしている人は、黒の手袋をしてカバーするのもひとつの方法です。

アクセサリー

結婚指輪以外はつけないのが正式。ただし、真珠またはオニキスの一連のネックレス、真珠の1粒ピアス・イヤリングはOK。

バッグ

黒。布製がよいですが、革・合皮でも。

ストッキング

黒。パンツスーツでも、黒のストッキングが望ましいです。

靴

黒のプレーンなパンプス。

これはNG

- ミニスカートや深いスリットのスカート
- 派手なメイク
- エナメル製、光沢のあるバッグや靴
- 金具類がついたバッグや靴
- 不幸が重なるということで、真珠の二連のネックレスや1粒真珠以外のピアスやイヤリング
- サンダル、ブーツ
- タイツや色柄のストッキング、白い靴下

弔問のマナー

1 受付をする

お悔やみの言葉を述べ、ふくさから不祝儀袋を出して渡します。

2 芳名帳に記帳する

住所、氏名を書きます。

このたびは、
ご愁傷様でございます

○ 上司の代理で弔問するとき

故人とは面識がなくても、上司の代理として、取引先など仕事関係者の葬儀や告別式に出席する場合があります。そのときは、会社の代表で出席しているという意識を持って、失礼のないふるまいをしましょう。

受付

お悔やみの言葉を述べてから、会社名と上司の氏名を記入した不祝儀袋を渡す。名刺盆があれば、右上に「弔」と書いた上司の名刺と、同じく右上に「代理」と書いた自分の名刺を渡す。

芳名帳

会社名と上司の名前を書き、上司の名前の左下に小さく「代理 鈴木翔太」と自分の名前を書く。

[忌み言葉に注意]

　通夜、葬儀、告別式では、「重ねて」「続いて」「再び」など不幸が続くことをイメージする言葉や、「返す返す」「いよいよ」「重々」などの重ね言葉、「死ぬ」「死去」「死亡」など死を表現する言葉は忌み言葉といわれ、タブーとされています。遺族、仕事関係では遺族側の人と話すときは、言葉づかいに十分注意しましょう。

仏式のお別れの作法

抹香にくべる回数は、宗派によって異なりますが、先に喪主や遺族が行っているのを見て、それにならうとよいでしょう。また、参列する人自身が仏教徒でない場合、数珠はつけなくてもかまいません。つける場合は、左手の親指にかけます。

抹香焼香（立礼の場合）

1 祭壇に向かい、遺族、僧侶に一礼し、焼香台の前へ進む。遺影に向かって一礼する。

2 右手の親指と人差し指・中指の3本で抹香をつまみ、目の高さまで上げ、軽く頭を下げて目を閉じ、故人の冥福を祈る。

3 抹香を香炉に近づけてからくべる。回数は1〜3回が一般的。

4 遺影に向かって合掌する。祭壇を向いたまま後ろへ数歩下がり、遺族と僧侶に一礼する。

神式のお別れの作法

神式では、榊（さかき）の枝に「四手」という紙片をつけた玉串を祭壇に捧げ、故人の御霊を慰めます。これが玉串奉奠（たまぐしほうてん）という儀式です。玉串を祭壇に供えた後は、「二拝、二拍手、一拝」が基本です。2回拝礼したあとは、音が出ない「しのび手」で2回拍手して1回拝礼します。

玉串奉奠

1 遺族、神官に一礼する。玉串の枝先を左の手の平で下から支え、根元を右の手の平で持つ。

2 神前に進み、玉串案（玉串を置く台）の前で一礼する。玉串の根元が手前に来るよう、時計回りに90度回転させる。

3 左手で根元を持ち、右手で枝先を支えるように持ち替える。そのまま時計回りに180度回転させ、根元を祭壇に向け、玉串案に置く。

4 2回拝礼をし、音を立てないしのび手で2回拍手し、1回拝礼する。後ろへ下がって、遺族と神官に一礼する。

キリスト教式のお別れの作法

カトリックとプロテスタントでは、式次第が異なります。例えば、カトリックでいう神父、聖歌は、プロテスタントでは牧師、讃美歌です。ただし、どちらも枝の長い白い生花を祭壇に捧げるのは変わりません。献花に使う花は、菊やカーネーションが一般的です。

献花

1 遺族、神父（牧師）に一礼し、花一輪を受け取る。花の側を下から右手で支えるように持ち、左手は茎側の上から軽く添える。

2 献花台の前に進んで一礼する。右手を手前に引いて、茎側を献花台に向ける。

3 両手の手の平を上にし、献花台に花をそっと供える。

4 祭壇に向かって一礼した後、遺族、神父（牧師）に向かって一礼する。

お見舞いのマナー

4

知っ **得** ポイント

☑ 病気見舞いは、相手の容体を
　確認してからにする。

☑ 災害見舞いは、状況が落ち着いてからにする。

お見舞いに行くときの手順とマナー

1 お見舞いできる容体かどうかを事前に本人や家族に確認。

2 病院内は、ペースメーカーをつけている人もいるので、スマホや携帯電話を使用する際には確認をする。

3 派手な服装、強い香水や整髪料は避ける。

4 病院の面会時間を守り、病室では大声で話さない。

5 大人数でお見舞いには行かない。2〜3人が適当。

6 明るい話題を心がける。病状に関して立ち入った質問は避ける。

7 相手に負担をかけさせないよう、15分程度で退出する。

8 入退室のとき、同室の人にも軽く会釈をする。

お大事に

◎お見舞いは相手への配慮が重要

　入院した人を見舞う場合は、本人や家族に容体を確認した上で行きましょう。面会するときは、服装や面会時間に注意し、相手を元気づける明るい話題を心がけ、長居せずに引き上げます。相手を思いやる気持ちを忘れずに接することが大切です。なお、体は快復に向かっていても、人と会いたくなくなっている人もいます。自分勝手に押しかけないようにしましょう。

　災害見舞いは、現金を贈る場合、相手の状況が落ち着いてからにします。また、相手が必要としているものをいち早く支援することがお見舞いになります。現地へ行くときは手弁当で、相手の負担にならないようにしましょう。

病気見舞いの贈り物

お見舞いの際は、品物や現金を贈るのが一般的です。
品物は、実用的なもの、気分転換になるものがおすすめ。
なお、高価な品物や、置き場所や用途に困る品物を贈るのは避けましょう。

相手に喜ばれるものを贈るのがポイント

贈り物の例

- 本人の嗜好に合う本や雑誌など、時間つぶしになるもの。
- インターネットでの買い物などでも使えるギフト券。
- 肩掛けや膝掛け。
- 病院のテレビの視聴カード。
- 職場の人の寄せ書き。
- 商品券。

気をつけたい贈り物

花

　生花は、感染症やアレルギー予防のため、持ち込みを禁止している病院も少なくありません。お見舞いに持参するのは避けたほうが無難です。

　自宅療養中の人へのお見舞いに花を贈るのは問題ありません。かごの中に切り花をアレンジしたものは、花瓶を用意したり、生けたりする手間が省け、相手に負担をかけさせないのでおすすめ。なお、病気見舞いの花としてタブーなものもあります。根つくが「寝つく」につながる鉢植えや、花から落ちる椿、散りやすいツツジ、葬儀に使われる菊などは縁起が悪いので避けましょう。

飲食物

　果物やお菓子、飲み物は、場合によって食事管理や食事制限の妨げとなることがあります。病気やけがの状況にもよりますが、贈る際は本人や家族に確認してからがよいでしょう。

　また、アイスクリームがOKな場合も、その場ですぐに食べないときは、保管場所に困ってしまうので、病室に冷凍庫があるか事前に確認が必要です。

現金を贈るとき

病気見舞いの場合、目上の人に現金を贈っても失礼にはなりません。

表書き…「御見舞」

水引とのし…紅白の結び切り。のしはなし。白い封筒や、左に赤い線が縦に入ったものでもよい。
◎二度とないようにと結び切りに。蝶結びは何度あってもよいという意味となるので注意。

名前…筆ペンか黒のサインペンで、フルネームを書く。

◎中袋（お金を入れる袋）のオモテ中央に、包んだ金額を漢数字で書き、ウラに郵便番号、住所、氏名を書く。連名の場合は、代表者の連絡先を書く。

連名の場合

3名まで

一番目上の人の氏名を右に書く。右から左へ目上の人から順に氏名を並べて書く。

4名以上

代表者の氏名を中央に書き、左横に小さく「外一同」と書く。

◯ 包む金額の目安

職場関係	3千円〜5千円
友人・知人	3千円〜5千円
親族	5千円〜1万円
兄弟姉妹	5千円〜1万円

◎お金は、見た目がきれいなものにします。新札だと、用意していたようだと受け取る人もいるので、気になる人は一度折ってから包むのが無難。
　ただし、忌み数の4（死）、6（無）、9（苦）は避けます。

災害見舞いのマナー

近くならすぐに駆けつけ、後片付けや子どもの世話など、できるだけ手助けをします。
遠方の場合は、今、何が必要かを聞き、できるだけ早く調達し、贈ります。
いずれも、相手が望むことを確認し、支援や協力をしましょう。

現金を包むとき

災害などの非常時には、目上の人に現金を贈っても失礼になりません。なお、現金を
贈るのは、状況が落ち着いてからにします。

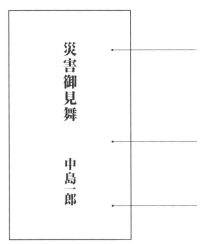

表書き…どんなときにでも
使えるのは「災害御見舞」ま
たは「御見舞」。

名前…筆ペンか黒のサイン
ペンで、フルネームを書く。

白い封筒に現金を包む。

○ 包む金額の目安

職場関係	3千円〜1万円
友人・知人	5千円〜1万円
親族	5千円〜1万円
兄弟姉妹	5千円〜3万円

お金は、見た目がきれいなものにします。
新札だと、用意していたようだと受け取る
人もいるので、気になる人は一度折ってか
ら包むのが無難。

ただし、忌み数の4（死）、6（無）、9（苦）
は避けます。

品物を贈るとき

● 相手が必要としているものを確認
して贈る。

現地へ行って手伝いをするとき

● 現地までの交通、ライフラインの状況を報
道や地元の人のSNSなどで確認してか
ら、支援のしかたを考える。

● 移動、宿泊、食事は自己負担が原則。被
害にあっている人に負担をかけないように
する。

5

贈答のマナー

☑ 自分本位でなく、相手が喜ぶものを
　贈ることが大切。

☑ 人間関係を良好に保つために行う会社の
　贈り物は、慣習に従って贈る。

社内での贈り物のマナー

● 結婚祝い

披露宴に招待されている場合は、贈らなくてもかまいません。「切る」「割れる」を連想する鏡、刃物、陶器は、相手の希望でない限り避けます。

【贈る時期の目安】挙式の10日前までに

【金額の目安】3千円～1万円

【かけ紙・祝儀袋】水引は紅白の結び切り。表書きは「寿」「御結婚祝」など

● 出産祝い

すぐに着るものではなく、少し大きくなってから着られるベビー服、食器、おもちゃなどを贈ったりします。

【贈る時期の目安】生後1カ月くらい

【金額の目安】3千円～5千円

【かけ紙・祝儀袋】水引は紅白の蝶結び。表書きは「御出産祝」「御祝」など

● 昇進・栄転・定年退職祝い

会社の慣習に従います。部署からは花束や記念になる品物を贈るのが一般的。また、部署内や有志がお金を出し合って贈ったりします。

【贈る時期の目安】昇進・栄転は発表後なるべく早く。定年退職祝いは定年当日。

【金額の目安】昇進・栄転は3千円～1万円、定年退職は1万円～3万円

【かけ紙・祝儀袋】水引は紅白の蝶結び。昇進・栄転祝いの表書きは「御祝」、定年退職は「御礼」

◎お祝いや感謝を込めて贈り物を

　職場では、結婚や出産、定年を迎える人に「おめでとう」というお祝いの気持ちを込めた贈り物をすることがあります。親しい間柄なら、希望の品を本人から聞くのがベスト。贈り物は、相手が喜んでくれるものが一番です。同じ部や課の人と一緒にお金を出し合えば、贈ることができる品の幅も広がります。

　仕事関係では、お歳暮などの贈り物、開業などお祝い、取引先の人へ長寿の祝いをすることもありますが、これらは会社の慣習や上司の指示に従います。

　お祝いの品やお金を包むときは、用途に応じて水引、表書きが異なります。相手に失礼がないように、お祝いの気持ちを贈るようにしましょう。

会社関係の贈り物のマナー

お中元　7月初旬から7月15日までに届くよう贈る（地域により異なる）。

お歳暮　12月初旬から12月20日頃までに届くよう贈る。

取引先へのお中元・お歳暮は職場のルールに従う。

新築・開店・開業祝い

【祝いの品物】	【タブーの品物】	【現金を贈るとき】
・観葉植物 ・時計 ・花（赤色以外）など	火を連想させる赤い花、ストーブ、灰皿など（先方からのリクエストなら○K）	祝儀袋は紅白の蝶結び、のしつき。表書きは「御新築祝」「祝御開店」「祝御開業」

落成式・記念式のお祝い　招待状を受け取ったら、返事を出し、お祝いの品物（酒や花など）を贈る。

賀寿（長寿のお祝い）　取引先の人にお祝いの手紙や品物を贈ることもあります。何歳で何のお祝いになるかを知っておくとよいでしょう。

還暦	61歳（数え年）	十干十二支が60年でひとめぐりすることから。
古希	70歳	中国・唐代の詩人・杜甫の「人生七十古来稀」から。
喜寿	77歳	「喜」の草書体「㐂」が「七」という字を重ねたように見えるため。
傘寿	80歳	「傘」の略字「仐」が「八十」に見えるため。
米寿	88歳	「米」の字をバラバラにすると、「八十八」に見えるため。
卒寿	90歳	「卒」の略字「卆」が「九十」に見えるため。
白寿	99歳	「百」の字から「一」を引くと「白」になるため。
百寿	100歳	「百賀祝い」「紀寿」ともいう。

知っておきたい ビジネス用語

仕事の理解を深め、スムーズに進めるためにも、
ビジネスでよく使われるカタカナ用語や略語を理解しておきましょう。

用語	意味
アイミツ	複数社から見積もりをとること。相見積もりの略語。
アウトサイダー	部外者。集団から外された者。
アウトソーシング	業務の一部を外部に委託すること。
アウトプット	出力。発信。
アウトライン	輪郭。経歴という意味で使われることもある。
アサイン	割り当てる。任命する。
アジェンダ	計画。予定。協議事項。
アセスメント	評価。査定。
アソシエーション	協会。団体。
アップデート	ソフトウェアの内容を新しいバージョンに変更すること。大幅な変更はアップグレード。
アポイントメント（アポ）	面会の約束。予約。
アメニティー	生活環境の快適さ、心地よさ。
アライアンス	業務提携、戦略的同盟。異業種の企業が相互の利益のために協力する経営スタイル。
アンバサダー	企業の商品やブランドを応援する「広報大使」。
イニシアチブ	主導権。
イニシャルコスト	初期費用。導入費用。
イノベーション	技術革新。
インサイダー	組織内部のもの。内部情報に通じているもの。
インストラクション	指導。指令。

用語	意味
インセンティブ	人を動かす誘因。出来高払いなどを指す。
インターバル	間隔。休憩時間。
インバウンド	外国人の訪日旅行や訪日旅行客。
インフラ	インフラストラクチャーの略。生活や生産活動の基盤になる、道路や空港、鉄道、ライフラインなどの構造物や施設のこと。
インフレ	インフレーションの略。物価水準の持続的上昇。
ウィンウィン（Win-Win）	両者にメリットがある状態のこと。
エージェンシー	代理店。
エージェント	業務を代理で行ったり、あっせんしたりする仲介業者、代理業者。
エグゼクティブ	経営幹部。企業や団体の上級管理職。
エビデンス	証拠。根拠。証言。
エンドユーザー	最終的にその製品を使う人や企業のこと。
オーガニゼーション	組織。機関。団体。
オーソリティ	権威者。熟練者。
オピニオン	意見。
オピニオンリーダー	特定商品の購買行動や消費をリードする消費者層。ある集団の中で、強い影響力を与える人。
オファー	申し出。提示。
オプション	いくつかの中から選べる自由選択のこと。

ガイダンス	指導。手引き。学習指導。説明会なども指す。	コンシューマー	消費者。
ガイドライン	基本指針。指導目標。	コンスタント	一定。
キャパシティ	能力。容量。	コンセプト	商品や企画などの一貫した概念や考え方のこと。
キャピタルゲイン	資本利得。株価上昇などで得た利益のこと。	コンセンサス	関係者の同意。意思疎通。
キャリア	経歴。これまでの実績。携帯電話会社などのことも指す。	コンタクト	連絡。接触。
キュレーション	情報を収集してつなぎ合わせ、新しい価値を持たせて共有すること。	コンテンツ	内容。
		コンバージョン	web上で獲得できる最終的な効果。
クオリティー	品質。	コンプライアンス	法令遵守。
クラウドソーシング	インターネット上で不特定多数の人に対して、仕事を発注したり、受注者を募集したりすること。	サジェスチョン	示唆。暗示。アドバイス。
		サステイナブル	持続可能な。それ（やり方）が将来にわたって持続できる。サステナブルともいう。
クレジット	信用。信頼。		
クロージング	ビジネスの最終的な局面。契約締結時や商談を成立させることを意味する。	サプライチェーン	供給連鎖。材料調達・商品製造・物流・販売など一連の工程を一つのシステムと捉えたもの。
グローバリズム	地球規模で国際的に交流・協調し、課題解決を目指すこと。	サマリー	要約。要約したデータや文書を指す場合もある。
		サンプリング	見本や標本の抽出。
コア・コンピタンス	企業の中核となる能力や競争力のこと。	シナジー効果	相乗効果。
コーチング	対話を通して必要な能力を引き出す人材開発技法のこと。	シミュレーション	模擬演習。現実に近い状況を作り、実験・研究などをすること。
コールドチェーン	低温物流。生鮮食料品を冷蔵・冷凍などにして新鮮な状態で産地から消費地に運ぶ仕組み。	スキーム	公的な計画。構想。
		スキル	技能。
		スクリーニング	ふるい分け。
コーポレート・ガバナンス	企業統治。	スタートアップ	起業、新規事業の立ち上げ。
コマーシャルベース	商業の採算。	ステークホルダー	社員、取引先、株主など企業と利害関係を持つ人や企業や地域を指す。
コミッション	委託・仲介などの手数料。		
コミット	コミットメントの略。責任を負う。約束する。	セキュリティー	防犯。安全。保安。
		セクション	部局。課。部分。
コンサルテーション	相談。	セグメント	対象者の属性（年齢、性別、職業など）により分けられたもの。

タイアップ	協力すること。提携すること。	B to B	企業間の取り引き。
タイト	余裕がないこと。	B to C	企業と一般消費者との取り引き。
ダイバーシティ	多様性。人種・性別・年齢などにこだわらず、多様な人材を活用すること。	ファクター	要素。要因。
タスク	仕事。作業。	ファクト	事実。業務上の事象や事柄。
ディーラー	販売業者。	ファンクション	機能。
デッドライン	最終期限。	ファンド	資金。基金。
デフォルト	初期設定。金融用語では、借入金の返済ができなくなった債務不履行の状態を指す。	フィードバック	評価内容や反省点を連絡すること。
		フィックス	最終決定。
		フェーズ	段階。局面。
デフレ	デフレーションの略。物価が下落する状態が続くこと。	プライオリティ	優先順位。
		ブラッシュアップ	磨きをかけること。
トップダウン	組織内で上層部が意思決定し、部下がそれに従う管理形式。	フランチャイズ	加盟店が事業本部から商標・経営ノウハウ・技術サポートなどを受けるビジネス形態。
トレード	取引。	ブルー・オーシャン	競合が少ない新しい市場のこと。
トレードオフ	両立しない関係性。	フレキシブル	柔軟な。融通がきく。
ナレッジ	有益な情報。付加価値のある知識や経験。	プレスリリース	企業などがメディアに向けて発表すること。
ニッチ	隙間。大企業がターゲットにしない小さな市場や分野を指す。	プレゼンテーション	提案。計画や企画などを提示し、説明する。
ネゴシエーション	交渉。協議。	ブレスト	ブレーンストーミングの略。アイデアを生み出すため、批判し合うことなく自由に意見を出し合うこと。
ハイリスク・ハイリターン	高い収益が期待できるものほどリスクも高いという意味。		
		ペンディング	保留。
バグ	コンピュータープログラムの欠陥。	ボーダーレス	境界線がない状態。
		ホスピタリティー	客をもてなすこと。
バジェット	予算、経費。形容詞的に使われるときは、低予算、低価格を指す。	ボトムアップ	組織内で下層部が意見を出し、上層部が吸い上げること。
バッファ	予備。余裕を持っておくこと。	ボトルネック	計画や発展の妨げとなる事柄。瓶の首が細くなっていることから。
パテント	特許。		
パブリシティ	商品や技術をマスコミに取り上げてもらうこと。	ポリシー	政策。方針。
バリュー	価値。		

マージン	利ざや。販売手数料や委託手数料などを指す。バックマージンは、その一部を販売元に戻すこと。	リリース	市場へ開放すること。
マイルストーン	一里塚。ビジネスの大きな節目、中間目標点。	レート	相場。
マスプロ	マスプロダクションの略。大量生産。	レジメ（レジュメ）	セミナーや講演会などで配布される要約資料。履歴書・職務経歴書の意味でも使われる。
マター	案件。担当すべき仕事。	レセプション	公式の歓迎会。受付。
マテリアル	原料。材料。素材。	レッド・オーシャン	競合が多く激しい競争が行われている市場のこと。
マネタイズ	インターネット上の無料サービスから収益を上げること。	ロイヤリティー	特許権、著作権などの権利使用料。フランチャイズ加盟店が本部に払う加盟店料。
メソッド	目的を達成するために、体系的にまとめられた方法や方式のこと。	ワークシェアリング	一人ひとりの仕事の総量を分け合うことで、多くの人に仕事が行き渡るようにすること。
メッセ	見本市。	ワーク・ライフ・バランス	仕事と個人のライフスタイルのバランスのこと。福利厚生や多様な働き方などに使われる。
メモリー	データを記憶する装置。	◆アルファベット略語	
モチーフ	主題。	ASAP（アサップ）	As soon as possible（できるだけ早く）の略。「エー・エス・エー・ピー」と読まれることもある。
ユーザー	製品の使用者。	CEO	最高経営責任者。
ユーザビリティ	webサイトやコンピューターやソフトウェアなどの使いやすさ、使い勝手。	CFO	最高財務責任者。
ラジカル	急進的な。過激な。	CI	コーポレイトアイデンティティの略。企業の独自性をロゴマークなど統一されたイメージを提示する企業戦略。
ランニングコスト	運転資金。	COO	最高執行責任者。
リース	長期の貸付。	CS	顧客（消費者）満足。
リカバリー	回復。取り戻すこと。	CTO	最高技術責任者。
リコール	欠陥品を生産者が回収し、無料で修理すること。	FX	外国為替。外国為替証拠金取引。
リスクヘッジ	危機回避。	M&A	企業の合併と買収。
リスクマネジメント	危機管理。	POS	販売時点情報管理。
リスケ	リスケジュールの略。これまでのスケジュールを組み直すこと。		
リテラシー	特定の分野の知識や、応用力・理解力などを指す。		
リベンジ	報復。		
リマインド	再確認。		

監修

岩崎智子（いわさき ともこ）

NPO法人日本サービスマナー協会
プロフェッショナルマナー講師
全日本空輸株式会社にて客室乗務員として勤務後、夫
の転勤に伴いアメリカに6年在住。帰国後は、イベントや
コンサート、展示会、披露宴などの司会者として幅広く活
躍後、現職。現在は、海外生活とMC時代に培った「コ
ミュニケーション力」を活かし、民間企業から官公庁など、
さまざまな業種における接遇、ビジネスマナー、クレーム
応対、電話応対など、職場ですぐに活用できる実践に力
を入れた研修を行っている。

STAFF

デザイン	髙橋朱里（マルサンカク）
イラスト	つまようじ
DTP	株式会社暁和
校正	くすのき舎、鷗来堂
編集協力	株式会社フロンテア
編集担当	神山紗帆里（ナツメ出版企画株式会社）

ナツメ社Webサイト
https://www.natsume.co.jp
書籍の最新情報（正誤情報を含む）は
ナツメ社Webサイトをご覧ください。

本書に関するお問い合わせは、書名・発行日・該当ペー
ジを明記の上、下記のいずれかの方法にてお送りくだ
さい。電話でのお問い合わせはお受けしておりません。
・ナツメ社webサイトの問い合わせフォーム
 https://www.natsume.co.jp/contact
・FAX（03-3291-1305）
・郵送（下記、ナツメ出版企画株式会社宛て）
なお、回答までに日にちをいただく場合があります。正
誤のお問い合わせ以外の書籍内容に関する解説・個別
の相談は行っておりません。あらかじめご了承ください。

ひと目で要点理解
最新版ビジネスマナー解体新書

2021年3月26日　初版発行
2023年1月10日　第2刷発行

監修者	岩崎智子	Iwasaki Tomoko,2021
発行者	田村正隆	

発行所	株式会社ナツメ社
	東京都千代田区神田神保町1-52　ナツメ社ビル1F（〒101-0051）
	電話 03-3291-1257（代表）　FAX 03-3291-5761
	振替 00130-1-58661
制　作	ナツメ出版企画株式会社
	東京都千代田区神田神保町1-52　ナツメ社ビル3F（〒101-0051）
	電話 03-3295-3921（代表）
印刷所	ラン印刷社

ISBN978-4-8163-6957-5　　　　　　　　　　　　　　Printed in Japan
〈定価はカバーに表示してあります〉　〈乱丁・落丁本はお取り替えします〉